近江商人の魂を育てた

寺子屋

川島俊蔵の教えに学ぶ

中野正堂

法藏館

推薦の辞

国道八号線に沿って、車を草津から彦根に向かって走らせると、古くから五個荘と呼ばれてきた土地の傍らに、徳川の昔、合羽姿に天秤棒を担いで全国に行商した、近江商人の大きな銅像が建っている。

巷間、近江商人と言われる人たちが、近世徳川期から明治大正、さらに現代に至るまで、わが国の経済発展のため、いかに大きな役割を果たしたかは、よく知られている事実である。しかしその凄まじき商魂の育まれた背景に、あの徳川期の「寺子屋の教育」が深く秘められていたことを知る人は、殆どいなかったと言ってよいであろう。

本書の著者である禅僧中野正堂師は、その半生を滋賀県の高等学校教育のために挺身されたあと数年前、ようやく故郷五個荘にある自坊乾徳寺に隠栖された。そして今更ながら、学生時代に親しんでいたスイスの教育家、ペスタロッチの教育理念に改めて深く思いをいたし、且つは自らの教育実践に対する反省から、昔、自坊の山麓で行われていた「寺子屋」教育と、それが醸し出した「近江商人の魂」との、深い関係を探ることを思い立ったという。

今その原稿を手にすると、収集された資料だけにも、師の故郷に対する深い思慕と誇りが溢れている。実を言えばこの私にとってもまた、五個荘の地はわが生を享けた故郷であり、仏縁深くして禅僧となってからも、なお望郷の念浅からぬ父母の地である。その懐かしき故郷の山麓に於いて、かつて行われていたという寺子屋への思慕に、浅からぬものがあることは否めない。請われるままに、推薦の辞を草するゆえんである。

花園大学名誉教授、文学博士（禅思想研究）
西村惠信

はしがき

江戸時代、天秤棒を担いで関西から東国やその他の地方へ商品を運び、その地で購入した品を関西などへ運んで商う「諸国産物回し」という商法で、近江商人は活躍した。滋賀県東近江市五個荘《ごかしょう》地区は、八幡《はちまん》（近江八幡市）、日野（蒲生《がもう》郡日野町）と並んで近江商人を多く輩出した地域である。

その近江商人のふるさと五個荘には、寺子屋が多くあった。昭和三十五年から四十二年にかけて滋賀県市町村沿革史編さん委員会によって刊行された『滋賀県市町村沿革史』によれば、明治十一年の五個荘地区の人口は一〇、一五六人であった。明治のはじめに文部省が発行した『日本教育史資料』に掲載されているこの地区の寺子屋は一〇校、江戸時代末期にそこで学んでいた寺子（生徒）たちは、合計すると一、一〇三人いた。

永年、滋賀県の教育に携わってきた私にとって、現今の教育の状況は、時代の進展とともに目まぐるしく変化し、解決しなければならない課題が質的にも量的にも拡大し、日々、目前の課題解決への悪戦苦闘の連続であった。

退職を目の前にした時期に、教育に携わってきた者として、たいへん興味深い「寺子屋」という素材に触れてみようと考え、地元にあった寺子屋の史料に当たってみたのであった。

調べ始めると、教育というものが義務付けられていなかった封建時代に、何故多くの子どもたちが寺子屋で学ぼうとしたのか、そして寺子屋の師匠たちはどのような教育を行っていたのかを知ることによって、教育の現代的な課題に対応する糸口を見出せるのではないか、という思いが高まってきた。結論から言うと、子どもたちは寺子屋で学ぼうとする目的を持っていた。また、師匠は、子どもたちのニーズに応えるため努力を重ねていた。

今回取り上げた五個荘川並村の寺子屋師匠川島俊蔵《かわしましゅんぞう》は、自ら学ぶ姿勢を持ち続け、教材を工夫しながら、近江商人の魂を育てる教育をしていたと私は考えている。そこに学んだ子どもたちは、近江商人として活躍し、明治になり、ふるさとの学校づくりに熱意をもって貢献をした。また、寺子の中に、明治のはじめに設立された小学校の教員として活躍する者が現れ、さらには、商家を支える女性を育てるため、私財を投じて女学校を建てる女性も現れてきた。

ペスタロッチは、十八世紀末、戦乱により身寄りを失った子どもや、貧困にあえぐ人々の子どもたちを集めて、シュタンツの孤児院で教育を始めた。この孤児院は政治的な都合で、たった六か月で閉じられてしまったのだが、この短期間に、子どもたちの中に、自分も教師になって人々を幸せにしたい、と言い出す者も生まれてきたのである。優れた教師が巧まずして子どもに与えた感化とは、このようなものであろうと思う。

寺子屋を卒業した商人やその周辺の人々が、地元の教育に熱心に取り組もうとした動機にはいくつものものがあったと思うが、その中の極めて大切なものに、寺子屋師匠が寺子たちに与えた感化の力を数えようとするのは、必ずしも教育に身を置いた者の身びいきからだけではないと思うのである。

中野正堂

近江商人の魂を育てた寺子屋

——川島俊蔵の教えに学ぶ——

目次

推薦の辞――西村恵信　iii
はしがき――中野正堂　v
はじめに――3
一　宮山公園の歌碑　3
二　世界が驚いた、江戸時代の日本の教育　7
三　江戸時代の近江・五個荘地区の教育　8
第一章　五個荘の寺子屋――11
一　概要　11
二　時習斎　16
第二章　川並の寺子屋――19
一　川島俊蔵と寺子屋に関わる資料　19
二　宝永年間開業の寺子屋　20

1　過去帳分析による「宝永年間開業」の検証　21
2　遠祖は伊予から彦根へ、その後、宝永年間に川並へ　22
三　川島俊蔵の寺子屋　27
1　寺子屋の建物　27
2　寺子屋第五代師匠、川島俊蔵　30
3　京都での書の修業　33
4　勝見主殿に師事　36
5　医薬に精通　41
第三章　近江商人を育てた寺子屋――45
一　往来物　45
二　商人に必要な読み・書き・計算を教える　47
1　読み書きを教える　47
2　算術を教える　51
3　『商売往来』　66
三　近江商人の心を育てる　75
1　『寺子教訓掟書』　75

2 『寺子教訓書』とは 76
3 『寺子教訓書』のルーツ 78
4 江戸時代前期版と後期版の違い 80
5 俊蔵の『寺子教訓捷書』 83
6 俊蔵独自の記述 86
7 近江商人の心を育てる 100
8 石門心学と近江商人の考え方 107

第四章 庶民の心を支えた「神儒仏一致」の教え 117

一 外来思想と土着宗教の関わり 117
二 近世における「神儒仏」の関わり 119
1 神儒一致の考え方 119
2 仏教側からの反論 120
3 「神儒仏一致」の浸透 123
4 石門心学における「神儒仏一致」 124
5 東嶺圓慈の「神儒仏一致」 126

終　章　川島家寺子屋の廃業―――133
一　俊蔵の生きた時代　133
二　桜田門外の変への関心　135
三　福沢諭吉の『訓蒙窮理図解』に学ぶ　138
四　寺子屋の廃業と川並学校　141
1　川島俊蔵の終焉　141
2　明治の「学制発布」　142
3　川並学校の誕生　142
4　塚本村青蓮寺の寺子屋　144
5　五個荘地域の学校設立の特徴　149
6　俊蔵の弟子、塚本定次　155
7　近江商人と共に発展した近江の教育　159
8　明治はじめの行政のリーダーシップ　160

あとがき―――163

■参考文献　172
■電子資料　175
■論文　175

近江商人の魂を育てた寺子屋

――川島俊蔵の教えに学ぶ――

五個荘は現在、
東近江市五個荘町。
JR能登川駅と、近
江鉄道五個荘駅が
最寄り駅。
木之本
JR北陸本線
北国街道
伊吹山
長浜
大垣・名古屋方面へ
近江今津
琵琶湖
米原
鳥居本
彦根
中山道
近江高島
多賀大社前
JR湖西線
能登川
五個荘
近江八幡
八日市
JR琵琶湖線（東海道本線）
比叡山
中山道
近江鉄道
大津
草津
東海道
京都へ
山科
石部
日野
東海道新幹線
JR草津線
貴生川
（□□□は旧街道）

はじめに

一　宮山公園の歌碑

眺むれば　まだほど遠し　春かすみ
花さく峯に　いつかのぼらん
起蝶

東近江市五《ご》個荘《かしょう》川並町（古くは「川並村」と言った）南側の繖山《きぬがさやま》の麓に、結《むすび》神社（図1）という川並の氏神の社がある。鳥居をくぐり本殿に向かって進む途中左手に、山頂近くにある西国三十二番札所観音正寺《かんのんしょうじ》に参詣する道の登り口（図2）がある。

この道をしばらく登ると、忠霊塔の建つ展望台があるが、この辺りの山を地元では宮山と呼んでいる。また、登り口から忠霊塔までに、散策する人が憩うことのできる石の腰掛けなどがあり、ここはいま宮山公園と呼ばれている。

この宮山公園に、冒頭の和歌が刻まれた歌碑（図3）が建っている。

和歌の作者は、「起蝶《きちょう》」という雅号を名乗った川島俊蔵《かわしましゅんぞう》。江戸時代末期に川並村で寺子屋を営み、この村から数多くの近江商人を輩出した人物である。

この歌碑は、川並出身の近江商人、塚本定次《つかもとさだじ》（二代目塚本定右衛門）なる人が、明治年間に寺子屋師匠川島俊蔵を顕彰して建てたものである。

図1　結神社　天智天皇時代草創と伝わるこの神社は、明治初めに現在の地に移され、明治14年の大鳥居建立でほぼ完成した。近江商人や多くの村人の寄進で整備され、川並村のシンボルである。

図2　観音正寺への登り口

川島俊蔵は明治四年（一八七一）九月十七日、六十九歳で亡くなっている。俊蔵がこの歌を詠んだのは、彼が人生最後の春を迎えようとした、明治四年の早春あたりと思われる。

「繖山の方を眺めてみると、今はまだ春霞がかかる時期には程遠いが、かつて何度も桜を愛でたことのあるこの山にもう一度登り、あの桜を見たいものだ」と、春を待ちわびる心情が溢れている。

俊蔵の住まいは明治以降、現在の当主川島俊明氏まで、建物の構造を大きく変えることなく保存されてきたので、いまだに当時の寺子屋の面影が残っている。この住まいから南西の方向を眺めると、

図３　俊蔵の歌碑

図４　宮山の山桜

隣家の屋根越しに、宮山を包む繖山を望むことができる。

俊蔵は病牀にあってこの歌を詠んだが、生涯ふたたびこの花を見ることはできなかったらしい。現在、歌碑の周辺は檜林となっているが、春になってこの付近の山に少し踏み入ると、今でも山桜の美しい姿に出くわす（図4）。俊蔵が元気な頃、この宮山一帯に桜が何本もあり、寺子たちを伴って花見を楽しんだことであろう。[注]

寺子屋の師の遺徳を偲び、弟子たちが建てた師の墓石や供養塔、顕彰碑のことを「寺子塚《てらこづか》」と言い、同じものは今日なお全国各地に存在する。この宮山の碑には、師の詠んだ和歌をただ一首刻んでいるだけであるが、そこには師の心に迫ろうとする弟子の深い追慕の気持ちが溢れており、これも寺子塚と考えてよいと思う。

［注］ 乙竹岩造は『日本庶民教育史』下巻において、滋賀県の寺子屋教育についての調査結果を報告しているが、「寺子屋の生活に於いて最も楽しき行事として生涯忘れることの出来ない印象を寺子に与えたものは、実に左義長・七夕及び天神講である」と述べ、それらを詳しく解説した後、「五節句等の行事」「他花見・遠足」を行う寺子屋もあったことを報告している。今日の学校行事や特別活動に当たるような活動を、江戸時代も行っていたことが分かる。俊蔵が楽しんだであろう花見は、そのような活動の一環であったと考える。

二　世界が驚いた、江戸時代の日本の教育

記録を見ると、江戸時代後半から明治初めにかけて日本を訪れた西洋人が、日本の教育の水準の高さに驚いている。文化八年（一八一一）、国後島付近で測量をしていて幕府役人に捕えられ、捕虜となったロシア海軍少佐ヴァシリー・ミハエロヴィッチ・ゴローニン（一七七六〜一八三一）は、ロシアで捕虜となっていた高田屋嘉兵衛との交換で、文化十年（一八一三）に釈放されたが、日本での見聞を後に、『日本幽囚記』と題して出版している。彼はその中で日本人の教養について、次のように述べている。

人々の中に見出される教養の程度において、日本人は他国と比較しても世界で最も聡明な民族である。誰も読み書きができ、自国の法律を知っている。法律は滅多に変わることはないが、極めて重要なものは町や村の広場や人目に付く所に大きな板を使って告知される。

以下、農業、園芸、漁業、狩猟、絹や綿織物などの産業面で、ヨーロッパに引けを取らないと評価したあと、「一般論として言えば、日本人はヨーロッパの下層階級より教養水準が高い」（『日本幽囚記』Ⅲ、水山産業株式会社出版部）、と断定的に述べている。

また、シーボルト事件で有名な、ドイツ人医師で博物学者のフィリップ・フォン・シーボルト（一七九六～一八六六）が二度目に来日したとき、父に同行した長男アレクサンダー・フォン・シーボルト（一八四六～一九一一）はその著書で、日本の教育について、反復練習・音読による文章暗記という教授法や、躾がよく行き届き、親は体罰など用いないという生活の指導法について、称賛している。

さらに、日米和親条約を締結したペリー（一七九四～一八五八）や、トロイ遺跡の発見者シュリーマン（一八二二～一八九〇）、大森貝塚の発見者エドワード・モース（一八三八～一九二五）など、開国後に日本を訪れた多くの西洋人が、こぞって日本の教育水準の高さに驚き、そのことを著書などで報告している（『江戸の教育力』大石学、『日本人のリテラシー1600―1900』リチャード・ルビンジャー、など参照）。

三　江戸時代の近江・五個荘地区の教育

他方、これら幕末に訪れた西洋人の、江戸時代における日本の教育に対する賛辞について、アメリカの教育史家リチャード・ルビンジャー（一九四三～）は、限定的な個人の体験や、個人の主観が混じりがちな報告をもって、当時の日本の教育を語ることには疑念を呈している。彼はその著書『日本人のリテラシー1600―1900』において、日本人の識字率について、花押、日記、農書、百科事典、農村の句会、入れ札、などの資料を駆使して考察し、実証的な江戸時代から明治初期の日本の教育の状況分析を行っていて、なかなかの説得力がある。

彼はこの著書の中で、江戸時代の日本人の教育は、教育において「二つの文化」（村の指導者層の高い読み書き能力と、圧倒的多数の人の、低い水準の読み書き能力）が存在すること、また、地域による教育機関の充実度の格差があったことなどを指摘している。

ところで、このルビンジャーが前掲書で、明治初めの『文部省年報』のデータにより、滋賀県の識字率（六歳以上のすべての県民の中で自分の名前を読み書きできる者の比率）が、同様の調査をした他の県と比べて高いことを紹介している。さらには、柴田純氏の研究「近江国北庄村の手習い所」（五個荘宮荘地区にあった時習斎《じしゅうさい》）では、住民の九一・四パーセントがそこに通っていたというデータを紹介し、「（この地域では）エリート層の子弟ばかりでなく、事実上すべての小農の家から手習い所に通っていたことは間違いない」と断じている。このことについては後に詳しく述べることにする。

冒頭に紹介した歌碑の寺子塚に見られるように、弟子に慕われた寺子屋師匠川島俊蔵と、その寺子屋について今回調査したところ、この寺子屋は、ルビンジャーが「異常に高い数字」と嘆じたあの時習斎と同じ五個荘地区にあり、開業時期も古く、寺子数も多い寺子屋であったことが分かった。

そして、調査を進めていくにしたがって、「読み・書き・そろばん」という商人の技術的な資質のみでなく、一般的に「三方よし」と言われる近江商人の商業理念の基礎となる、心の教育をも行っていたことが分かってきたのである。

世界が注目した江戸時代の日本の教育。中でもそれが最も充実していたと思われる近江・五個荘の寺子屋から、近世後半から現代に至る日本経済の立役者であった近江商人が多く生まれたことは、間違いのない事実であろう。

長年に亘って滋賀の地で教育に携わる仕事をしてきた筆者は、この「近江商人の魂を育てた寺子屋」の教育の中身を明らかにすることによって、山積する現代教育の課題の解決に向けて、一石を投じることにならないかと考え拙著を世に問う次第である。

第一章　五個荘の寺子屋

一　概要

川並地区は平成十七年（二〇〇五）の市町村合併で、東近江市に属するようになったが、それまでは神崎郡五個荘町に属していた。平成六年に五個荘町が発行した『五個荘町史』第二巻の「第七章　五個荘の学芸と文化」は、五個荘地域の寺子屋について、表1のような一覧表を掲載している。この表の作成に際して参照したと考えられるのは、明治二十三年から二十五年にかけて文部省が出版した『日本教育史資料』と、昭和三年滋賀県神崎郡教育会発行（大橋金三編集）の『神崎郡志稿』（図5）であろう。

図５　『神崎郡志稿』

『日本教育史資料』は、文部省が各府県等に命じるなどして、明治十六年から七年の歳月をかけて収

表1　五個荘町域の寺子屋（『五個荘町史』第二巻より）

村名	名称	学科	開校	廃校	調査年代	生徒（男・女）	教師（男・女）	身分	教師名
木流	梅酒舎	読書・習字 算術	寛永十七年（一六四〇）	明治六年（一八七三）	弘化元年（一八四四）	一六〇人（一〇〇・六〇）	一人（一・〇）	神官	田中大和
奥		同右	嘉永元年（一八四八）	明治四年（一八七一）	明治元年（一八六八）	七八人（二〇・五八）	一人（〇・一）	僧	西　至誠
北町屋	孝栄堂	同右	天保十年（一八三九）	明治五年（一八七二）	文久三年（一八六三）	一二〇人（八〇・四〇）	三人（二・一）	浪士	山本勘助
塚本		同右	天保元年（一八三〇）	明治七年（一八七四）	慶応元年（一八六五）	六五人（四五・二〇）	一人（一・〇）	僧	島津龍音
金堂	洞松館	読書・習字 算術・諸礼	文化二年（一八〇五）	明治五年（一八七二）	文久元年（一八六一）	一〇〇人（七〇・三〇）	一人（一・〇）	医	伊藤　幹
川並		読書・習字 算術	宝永年間（一七〇四～一七一一）	明治七年（一八七四）	嘉永四年（一八五一）	一三〇人（一〇五・二五）	一人（一・〇）		川島俊蔵
宮荘	時習斎	読書・習字 算術・諸礼	元禄九年（一六九六）	明治七年（一八七四）	明治三年（一八七〇）	一八〇人（一二〇・六〇）	一人（一・〇）		中村義通
竜田	磨登館	読書・習字	弘化二年（一八四五）	明治七年（一八七四）	嘉永六年（一八五三）	八〇人（四五・三五）	一人（一・〇）	僧	沢　間教
小幡		同右	文政十一年（一八二八）	明治七年（一八七四）	慶応元年（一八六五）	一三〇人（九〇・四〇）	一人（一・〇）	僧	大幡融了
中		同右	文政九年（一八二六）	明治七年（一八七四）	天保三年（一八三二）	六〇人（四〇・二〇）	一人（一・〇）	神官	中村出雲

集した、わが国の教育に関する資料をまとめたものであり、初めて全国悉皆調査された資料である。問題点も指摘されてはいるが、現在もなお研究に活用されている貴重資料である。

『五個荘町史』によると、川並の寺子屋の開業は、『神崎郡志稿』と同様、「宝永年間」としている。この川並の寺子屋の開業時期については、後に詳しく考察することにする。また、五個荘最古の木流《きながせ》の「梅酒舎《うめのや》」の開業については、『日本教育史資料』には「寛永年間」とあるが、『神崎郡志稿』では「寛永十七年」と記されている。ただし年号確定の根拠は示されていない。『五個荘町史』によると、天正年間に消失した木流の苗村神社《なむらじんじゃ》が寛永年間には再建され、「寛永十七年に京都吉田神社から神道裁可状を与えられており、この時から寺子屋を開校したとみられる」（田中茂家文書）と、年号確定の根拠に触れている。その他の寺子屋の開業年代、廃校年代、調査年代などすべてのデータは、『日本教育史資料』および『神崎郡志稿』と同様である。

早期に開業

ところで、『五個荘町史』を参考に、寺子屋の開業年代を滋賀県全体と五個荘地域を表2のように比較をして見ると、十八世紀前半までに開業した寺子屋は県全体で八校であるが、そのうち五個荘だけで三校ある。また、滋賀県全体の寺子屋のうち、開業年代が不明の六六校を除く、三八〇校の九四・五パーセント（三五九校）が十九世紀中に開業し、そのうち五一・八パーセントが、十九世紀後半に開業している。五個荘では十九世紀前半に七校が開業し、この段階で一〇校が揃っている。これ

表3　寺子屋・寺子数および1校平均寺子数
（『五個荘町史』より作成）

項　目		滋賀県	五個荘
寺子屋総数（校）		446	10
寺子数（人）	男	15,654	715
	女	6,110	388
	計	21,764	1,103
1校平均寺子数（人）	男	35.1	71.5
	女	13.7	38.8
	計	48.8	110.3
女子比率（%）		28.1	35.2

表2　寺子屋開業時期比較

開業年代	滋賀県	五個荘
16世紀	1	0
17世紀	4	1
18世紀前半	3	2
18世紀後半	13	0
19世紀前半	173	7
19世紀後半	186	0
不明	66	0
合計（校）	446	10

『日本教育史資料』に記載されている滋賀県内の寺子屋の数は450校であるが、明らかにダブルカウントされたと考えられるものが4校ある。これらのデータのうち、開校年代が不明のほう、もしくは新しいほうのデータをはずし、446校として考えることにした。

表4　寺子屋規模別度数

寺子数	滋賀県	五個荘
300人以上	2	
200人以上	4	
150人以上	14	2
100人以上	32	4
50人以上	106	4
49人未満	287	
不明	1	
合計(校)	446	10

らのことから、五個荘の寺子屋は滋賀県の中でも、比較的早期に開業していたことが分かる。

多い寺子（生徒）の数

一方、寺子屋一校当たりの寺子数を見ると、滋賀県全体では男子が平均三五・一人、女子が一三・七人、合計四八・八人であるのに対して、五個荘では男子が七一・五人、女子が三八・八人、合計一一〇・三人であり、五個荘の平均は滋賀県の平均の倍以上となっている（表3）。

また、女子の寺子の比率を

見ると、滋賀県の平均が二八・一パーセントであるのに対し、五個荘の平均は三五・二パーセントとなっていて、女子の比率も高い（表3）。

さらに、通学した寺子の数による、寺子屋の規模の度数を表4のように分類すると、五個荘の寺子で一〇〇人以上いた寺子屋は六校あり、滋賀県全体の一〇〇人以上の寺子屋の一一・五パーセントを占める。また、五個荘の一〇〇人未満の寺子屋もすべて五〇人以上であるが、滋賀県全体から見ると、寺子屋の六四パーセントが四九人未満である。五個荘の寺子数の一校当たりの平均が多いのは、どの寺子屋も、多くの寺子を集めていたことによることが分かる。

これら五個荘の寺子屋の特徴の背景について、『五個荘町史』は、次の三点にまとめている。

（一）五個荘が中山道の街道沿いにあり、他国から移住してきた知識人が村の要請を受け、定住して寺子屋を開業する地理的環境があった。
（二）村民の学習意欲が高かった。
（三）十九世紀に入ると、三都などに出店《でみせ》をもつ五個荘商人が輩出し、読み・書き・算術能力を獲得することは必須であったし、村民の中には商家に丁稚として奉公に出る者が多かった。

二　時習斎

『五個荘町史』第二巻の「第七章　五個荘の学芸と文化」において、北庄村（現、東近江市宮荘町）の「時習斎《じしゅうさい》」という寺子屋をはじめとする近世五個荘の教育環境について執筆した京都女子大学教授の柴田純氏はその後、『時習斎門人姓名録』（図6）という史料に出会い、綿密な数量的な分析を行って、『日本社会の史的構造　近世・近代』（思文閣出版）の中に、「近世中後期近江国在村一寺子屋の動向」という論文をまとめている。

図６　『時習斎門人姓名録』
（近江商人博物館蔵）

ここでは、五個荘の寺子屋の中でも早期に開業し、充実した教育を行った「時習斎」について、『五個荘町史』と、右の柴田論文「近世中後期近江国在村一寺子屋の動向」を参照しながら整理してみたい。

・時習斎は、もと水戸藩の医師中村義通によって開設された。義通は病気のため水戸藩医師を返上し、五年間漢学を学び、さらに医学を学ぼうと中山道を京都に向かう途上、金堂村（現、東近江市五個荘金堂町）にあった郡山藩陣屋の代官八代権右衛門の勧めで、元禄九年（一六九六）北庄村に定住し、医業と寺子屋での教育に従事した。

- 時習斎の七代にわたる中村家の斎主（師匠）たちは、京都や彦根に出かけ、和歌、俳諧、医学、神道などを、積極的に学び研鑽に努めていた。
- 時習斎では、京都から判者を招き、近隣の村々、愛知《えち》、犬上、彦根などから人々を集め、俳諧を競う句会が開催されていた。またここには小堀遠州流や池坊流など、華道の奥義書も所蔵されており、子どもたちに読み・書き・算術を教える初等教育機関であったばかりか、成人の文化サロンともなっていた。
- 時習斎では、郡山藩代官の勧めで開業した経緯もあって、農民の子女とともに、郡山藩金堂陣屋の役人たちの子女も学んでいた。
- 開業から文政期までは、地元の北庄村を中心に、早くから寺子屋を開業している木流や川並のある五個荘の南部を除く地域から、広く寺子を集めていた。
- 十九世紀に入り文政期以後、五個荘町域には次々と寺子屋が開業され、北庄以外の村からの寺子は減少してきたが、この時期に自村北庄村からの入門者を増加させ、女子の就学者も増加し、幕末に向かって北庄地区は、ほぼ皆学的様相を示すに至っていた（通学率九一・四パーセント）。
- 時習斎の名声は広範囲に及んで、遠く京都や湖北地方（現、長浜市高月町・浅井町、米原市伊吹町・山東町）などからも内弟子となったり下宿して学ぶ者も多くいた。

・時習斎の入門者数の趨勢をたどると、天明期と天保から嘉永期の二回の急減期が見える。そのうち、天明期の減少は飢饉の打撃によるものであるが、天保から嘉永期には飢饉よりもその飢饉の後起こった不況の打撃による減少とみられ、天保頃には、五個荘町域が農村的性格から商人町的性格に変化していたことが察せられる。

これら、時習斎をはじめとする五個荘地区の寺子屋の特徴を踏まえながら、川並の寺子屋について考えてみたいと思う。

第二章　川並の寺子屋

一　川島俊蔵と寺子屋に関わる資料

文部省が出版した『日本教育史資料』の第八巻には、江戸時代における全国の私塾や寺子屋の一覧表が収められているが、このうち滋賀県の寺子屋資料中の、川並村の寺子屋の教師氏名に、「川島俊《かわしましゅん》蔵《ぞう》」の名前が見える。

図７　『川並誌』

また『神崎郡志稿』や、平成四年に五個荘町が発行した『五個荘町史』、あるいは川並村出身の近江商人塚本源三郎（二代目。慶応二年〈一八六六〉～昭和十四年〈一九三九〉）が晩年情熱を傾けて編纂した『川並誌』（図７）などにも、「川島俊蔵」の名前やその人となりなどが記述されている。

一方、現在の川島俊明家には、寺子屋が営まれていた当時の建物のほか、寺子屋で使用された教科書や書簡など、多数の文書が保管されていた。これらの文書は現在、滋賀大学経済学部附属史料館に寄託されている。今回、川島俊明氏のご了解を得て、滋賀大学に寄託されている文書の一部を閲覧することができた。また、川島家に保管されている二冊の過去帳、川島家の菩提寺である浄土真宗仏光寺派の福應寺過去帳の、川島俊明家に関する記述などを、俊明氏のご了解のもと、福應寺住職京極博義師のご協力を得て閲覧することができた。

これらの資料を参考に、若干の考察をしておきたいと思う。

二　宝永年間開業の寺子屋

明治二十三年から二十五年にかけて文部省が出版した『日本教育史資料』によると、川並の寺子屋の開業は「明和元年（一七六四）」と記されている。

ところが、『神崎郡志稿』を編纂した大橋金三《おおはしきんぞう》は、「第九編　第一章　寺子屋」において、神崎郡の寺子屋を紹介しているが、彼は川並の寺子屋の「開業」を、「宝永年間」（一七〇四〜一七一一）と記している。また、「第十編　人物志　川島俊蔵」の項において、「俊蔵は起蝶と号し、和歌俳句に通じ、お家流の能書で、五個荘川並の寺児《ママ》師匠であった。祖先は宝永年間伊豫国からここに移り、村の子弟を教育し、俊蔵は其五代目である」と記している。大橋は何らかの資料を参考に、「開業」を「宝永年間」と記しているが、その根拠については、『神崎郡志稿』に記されていない。

一方、『川並誌』では、元禄・宝永時代の福應寺の記録に、俊蔵の四代前の八右衛門が福應寺にて村の子どもたちに手習いを教えていた可能性を示す記事があるということを根拠に、「川島家の寺子屋は宝永以後のこと」と推定している。塚本源三郎が『川並誌』を編纂した時期と、川並村と隣接する金堂村に住む大橋金三が『神崎郡志稿』を編纂した時期は重なっている。これを見ると、地域の歴史に関わる大がかりな作業を進めていた両人が、互いに情報交換をしていたことは、十分に想像できる。

1　過去帳分析による「宝永年間開業」の検証

今回、俊明氏のご了解を得て、川島家に保管されている過去帳と、川島家の菩提寺福應寺の過去帳の川島家に関わる部分について閲覧したことをもとに、川島家の歴史について考え、寺子屋開業について検証しておきたい。

その前に、過去帳に記載されている「戒名」というものについて、参考のため少し述べておくことにする。

戒名および法名について

仏弟子になろうとする者はまず、戒律を授けられ、それを守ることを誓ってはじめて許される。このことを授戒と言い、授戒したときに授けられる名前が戒名である。生前に「授戒会」という修行の場を経験し、仏弟子となる戒律を授けられた場合には、そのときから漢字二文字の戒名を持つことになる。生前、授戒を受ける機会がなかった場合には、葬儀の導師が葬儀の前に授戒を行い、戒名を授ける。

一方、僧侶が仏門に入って戒名（僧侶の場合、「諱《いみな》」とも言う）を授けられて修行を重ね、一人前の僧侶と認められたときに授けられる名前を道号と言う。たとえば、「一休宗純」の「一休」が道号で「宗純」が諱と言うように、僧名を正確に書くときなどは、道号の下に諱を連ね、四文字で表現する。この道号をつける習慣が一般の信者の戒名にも広がり、四文字の戒名をつけるようになった。

（例）□□○○信士　　□□の部分が道号で○○が戒名

また、「信士」「信女」など戒名の下に付されている文字は「位号」と言う。この「位号」は、たとえば出家せずに僧侶と同等の修行をし、その成果を認められた者を「居士」と言うように、仏門での修行の度合いを表す。このような四文字の下に位号をつけるというのが、仏教各宗派の戒名の基本構造である。

ところが、浄土真宗の場合は少し違う。まず、仏門に入るときに、戒律を授けないという宗旨により、「戒名」とは言わず「法名」と言う。そして、仏弟子となったことを示す「釋」の字を冠して、二文字の法名をつける。さらに位号はつけず、「釋○○」の三文字の法名が、浄土真宗の基本的な構造である。

2　遠祖は伊予から彦根へ、その後、宝永年間に川並へ

川島家の過去帳には新旧の二冊がある。旧本（古いほうの過去帳を「旧本」とする）の冒頭には、川島家の遠祖三代にわたって夫婦の戒名が記されている。その最初の戒名「提岩宗全禅定門」の右側に、「河沼氏」「出所伊豫」と記されている。このことにより、川島家の遠祖が「河沼《かぬま》」の姓を名乗ってい

たということと、もともとは「伊豫の国」に住んでいて、何らかの事情で近江に移り住んだということが分かる。

次に、この過去帳の表紙は、木製で黒の漆塗りであるが、その表紙と裏表紙の見返し二面と、蛇腹折りになっている過去帳の裏面の、表紙・裏表紙それぞれの隣の用紙二面、合計四面に金箔を施し、彦根藩初代から六代目までの藩主の戒名が記されている。このことにより、おそらく、川島家の遠祖は井伊家の初代直政公から六代目直恒公に臣従していたか、この期間（関ケ原合戦後、六代直恒公没年の宝永七年〈一七一〇〉まで）のどこかの時点で、井伊家から何らかの御恩を受けていたのではないかと想像される。

ところで、川並村は江戸時代、最初は天領であり、途中わずかな時期、館林藩に属し、再び短期間天領となったが、柳沢家が松平姓を与えられ、郡山藩主となった時期からは郡山藩に属した。同じ五個荘地区には、井伊藩に属する村も多くあるが、川並村が井伊藩（彦根藩）に属したことは一度もない。

『神崎郡志稿』や『川並誌』では、川島家の遠祖河沼氏は、伊予の国から川並に移り住んだような記述になっているが、伊予の国から直接川並に来て、井伊家と深くつながるということは一般的には考えにくく、遠祖は伊予の国から近江に渡ってまず彦根藩の領に入り、井伊家の御恩を受けていたが、その後何らかの理由で川並村に移ったもの、と考えるのが妥当ではないか。

一方、川島家の過去帳の「旧本」では、寛延元年（一七四八）に没した圓西《えんせい》信士（八右衛門）以前の戒名には、すべて四文字に位号が付されている。また、圓西信士の妻である蓮性信女の没年、宝暦三年（一七五三）以後は、すべて浄土真宗の「釋〇〇」という法名になっている。一方、「新本」には圓西信士の子、釋圓水《えんすい》以後の浄土真宗の法名が書かれている。

さらに、遠祖の戒名をはじめ、圓西よりも前の戒名はすべて、同じ筆跡で書かれている。圓西信士の文字はそれまでとは違う筆跡になっており、それ以後は複数人の手で法名が書かれている。したがって、圓西より前の記述は圓西（八右衛門）の手によるものと考えられ、この旧本の過去帳は、川島家の歴史の分岐点に立つ圓西が、自分以前の先祖の歴史を整理し、子孫につなぐように作成したのではないかと思われる。

圓水以後は先代の法名を子孫が書き、圓水没後に新本を作成し、しばらく新旧両本に法名を記入し、明治から新本のみ記入するようになったらしい。

さらに、俊明氏のご了解のもと、福應寺の過去帳を閲覧すると、川島家は圓水の父圓西が最初に記述されている。

したがって川島俊明家は、圓西八右衛門以後、川並に居住し福應寺の門徒となったと判断して間違いない。圓西八右衛門の生まれた年は不明であるが、没年が寛延元年（一七四八）であるので、『川並誌』に述べられているように、宝永年間に若い圓西によって福應寺内で、手習いを教える寺子屋が開設されたのであろう。

この川並に住み始めたとき、遠祖が名乗っていた「河沼」という苗字から、何らかの縁で川並に多く見られる「川島」に改姓したと考える。

なお、この「川島」という苗字を名乗る人は、川並村と隣の塚本村にも多く見られる。天智天皇の皇子、川島皇子と縁がある苗字という言い伝えもある。

『川並誌』と川島家過去帳の双方を参考に、圓西から俊蔵までの川島家の流れを記すと、左記のようになる。

圓西（八右衛門）――圓水（八右衛門）――伯圓（数右衛門）――道圓（文次郎）――了圓（俊蔵）
寛延元年（一七四八）没　明和元年（一七六四）没　寛政七年（一七九五）没　文政四年（一八二一）没　明治四年（一八七一）没

俊蔵は川並における寺子屋師匠としては、五代目ということになる。俊蔵の生年については記録が見当たらないが、明治四年（一八七一）に六十九歳で亡くなっているので、享和三年（一八〇三）の誕生であろうと考えられる。『川並誌』によると、「圓西以下圓水、伯圓、道圓、了圓の五代皆村の手習い師匠として村民は悉くその門下生であった」とある。また、俊蔵以外の人物についての『川並誌』の記述をまとめると、次のようになる。

圓西（八右衛門）について、「元禄宝永年間の福應寺の記録に「御影表具手習い弟子中」とあるから、此頃までは福應寺にて村の子弟に手習を教へられしもの」とあり、寺子屋創始者として紹介されている。

伯圓（数右衛門《かずえもん》）については、『川並誌』の作者塚本源三郎が、祖父定悦《じょうえつ》（初代定右衛門）・叔父定次《さだじ》・正之《まさゆき》の三人の伝記を著した『紅屋三翁《べにやさんおう》』において、祖父定悦の逸話を、次のように紹介している。

また、ある年のことである。愛知川の川筋に当たる河合寺の堤防が破壊して、人足を徴発せられた。定悦も募に応じた。労作の帰途には漬物の重石にと、川原から手ごろの石を拾うて帰るのが例であった。母は其の心がけをいたく喜ばれた。寺子屋の師匠をしていた川島数右衛門といふのが、これを見て、この子の将来は縮緬の羽織を着るか、並木の肥になるか、屹度二つのうちの一つだと評した。

河合寺というのは現在の東近江市川合寺町であり、川並村からは五～六キロメートル隔たった愛知《えち》川沿《がわ》いの村であるが、堤防決壊個所の復旧作業に奉仕しながらも、瓦礫の中から生活の役に立ちそうな石をもらって帰った寺子定悦を、師匠数右衛門は、「きっと何か大きなことを成し遂げるに違いない」と予測していたことが分かる。

道圓（文治郎《ぶんじろう》）については、「文化四年福應寺の大法會は道圓在世の時であって、殊に川島家はその檀家であったから、道圓は何かにつけ法會の書記を嘱せられたことであったであろう。また教授の余暇、法會に就いての教訓談も試みられたであろう。寺子は寄ると触ると法會の噂話に花をさかせたであろう」という記事が見られ、福應寺の大法要での活躍や寺子屋での寺子とのやり取りが、想像逞しく記述されている。

三　川島俊蔵の寺子屋

文部省の『日本教育史資料』によると、川並のこの寺子屋で教えられていた学科は「読書　習字　算術」とある。教師は「男一」とあるので、俊蔵一人ですべて教えていたものと思われる。生徒数は「男一〇五・女二五」とある。先にも述べたように『日本教育史資料』に掲載されている近江の寺子屋四四六校の一校当たりの寺子数の平均は、男子三五・一人、女子一三・七人　合計四八・八人となっており、多くの寺子を擁する五個荘地区の寺子屋の中でも、俊蔵の寺子屋はたいへん多くの寺子を集めたことが窺える。

1　寺子屋の建物

先に述べたように、川島俊明家は、今もこの家が寺子屋を営んでいたときの姿を留めている（図8）。家屋は集落の中にある三叉路の二本の道に挟まれるように、南北に縦に長く位置している。

俊明氏の祖父仲三郎氏と父俊蔵氏（俊明氏の父君も俊蔵氏であった）が、この家で和菓子屋を営み店を構えていた関係で、現在の玄関は西側の道に面しているが、寺子屋当時には、この家屋の南の端に

図 8　寺子屋外観

北

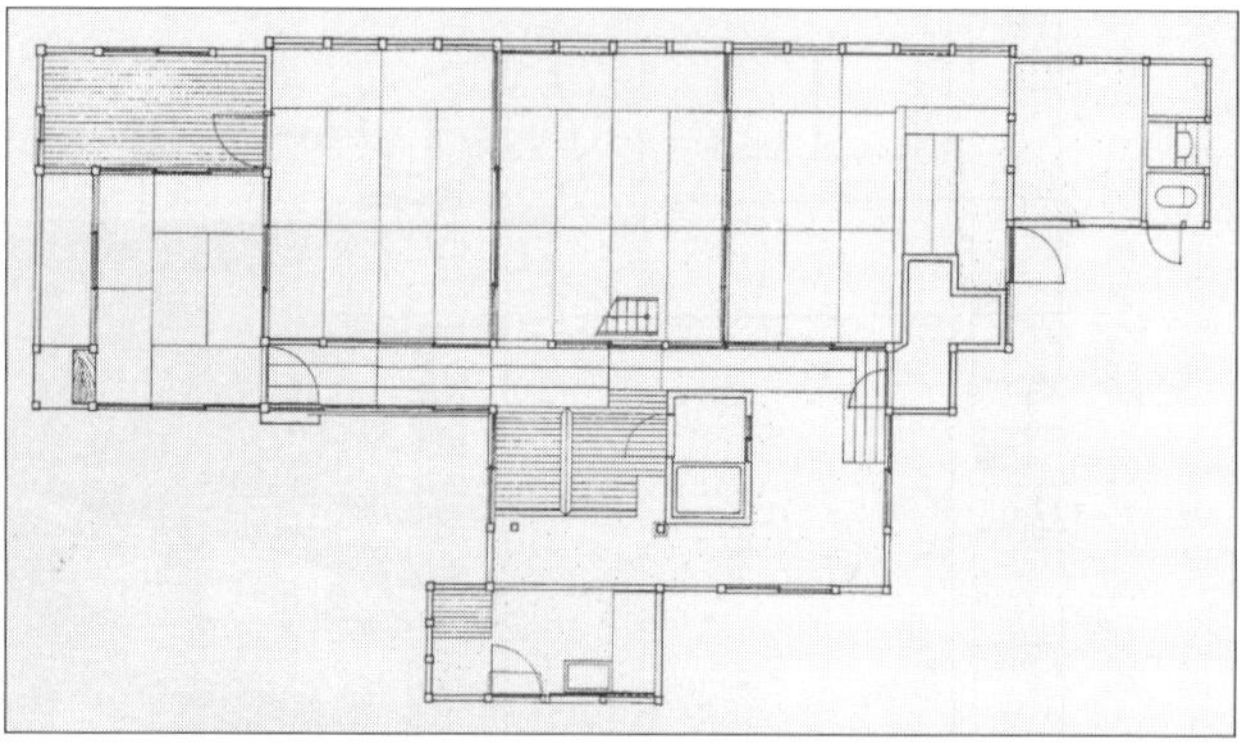

南

図 9　寺子屋図面　北側の部屋にある床の間と仏壇を背にして師匠は座り、南側から入ってくる子どもたちを把握した。（近江商人博物館蔵）

図10　壁の腰板

出入り口があったという。

　川並地区に限らずこの近辺の古い民家のほとんどは、四つ目間取り（漢字の「田」のように部屋を仕切るので「田の字様式」などとも言う）が基本となっているが、川島家の場合には、十畳敷の部屋が四つ南北に並ぶ間取りになっている（図９）。一番北側の部屋には床の間と仏壇があり、床の間を背にして師匠が座り、間仕切りの建具を開けると、南側の入り口から入ってきた寺子たちの座る三部屋が、すべて見通せるような構造になっている。寺子の座る三部屋の西側には廊下があり、その廊下からも北側の師匠の間に入れるようになっている。また、南側の間には、習字道具や教科書などを収納していたらしく、今風に言うと「教材ロッカー」の物入れがある。さらに、図10のように壁には腰板が取り付けら

図11　床の間―道真像と柱時計

れていて、現在の学校の教室のような雰囲気がある。

俊明氏のご厚意で、川島家に保管されている菅原道真の画像の掛け軸を床の間に掛け、十二支の文字で時刻を表す時計を床柱に掛け、師匠用の天神机（寺子屋で使用された机）を床の間の前に置いていただいた（図11）。すると、あたかも、懸命に手習いに励む子や、先輩から筆さばきについて教えてもらっている子、隣とおしゃべりばかりして師匠に叱られている子など、大勢の子どもたちで賑わう、当時の寺子屋の様子が見えてくるようにさえ思えた。

2　寺子屋第五代師匠、川島俊蔵

『川並誌』に俊蔵の人となりについて、次のような記述がある。

> 資性謹厳にして温容、よく弟子を薫陶し川島家世代の中最も傑出した能書家であったことは遺墨を展して明らかである。號を起蝶といひ和歌俳諧を能くし兼ねて醫薬に精しく閭郷其学徳を慕

うた。弟子中父子三代其教を受けたものがあったといふ。

「性格はきわめて真面目、優しい顔つきで弟子たちを徳をもって育てている。川島家歴代の中でも最も字が上手かったことは、残された墨跡を観てみれば明らかだ。号を起蝶《きちょう》と名乗り、和歌や俳諧を盛んに詠み、併せて医薬についても詳しいので、村中すべての人が、その学問の広さ深さと人柄の素晴らしさを慕った。弟子の中には、親子三代が教えを受けた者があるという」、という意味であろう。『川並誌』の編者、二代目塚本源三郎《げんざぶろう》は、塚本定悦《じょうえつ》（初代定右衛門《さだえもん》）の末っ子で淡海《たんかい》女子実務学校を創始した塚本さとと、その婿養子原三（初代源三郎）との間の長男である。また俊蔵の歌碑を建立した定次《さだじ》（二代目定右衛門。一五六頁、図65）は、二代目源三郎の母さとの兄である。二代目源三郎の伯父に当たる塚本定右衛門家の略系図を記すと、次頁のようになる。

源三郎は慶応二年（一八六六）生まれとあるので、明治四年（一八七一）に亡くなった俊蔵には、隣家ということもあり何度も出会っているとしても、幼心の記憶しか残っていないはずだが、俊蔵の薫陶を受けた母や伯父たちから、俊蔵のことを聞かされていると思われるので、この記述はかなり正確な俊蔵の姿を伝えているものと考える。

俊蔵の寺子屋には、『時習斎門人姓名録』のように、寺子を量的に把握できる資料がない。しかし、源三郎のこの記事は、川並のほとんどの住民が俊蔵の寺子屋に通っていたことを暗示しているように見える。

塚本定右衛門家略系図

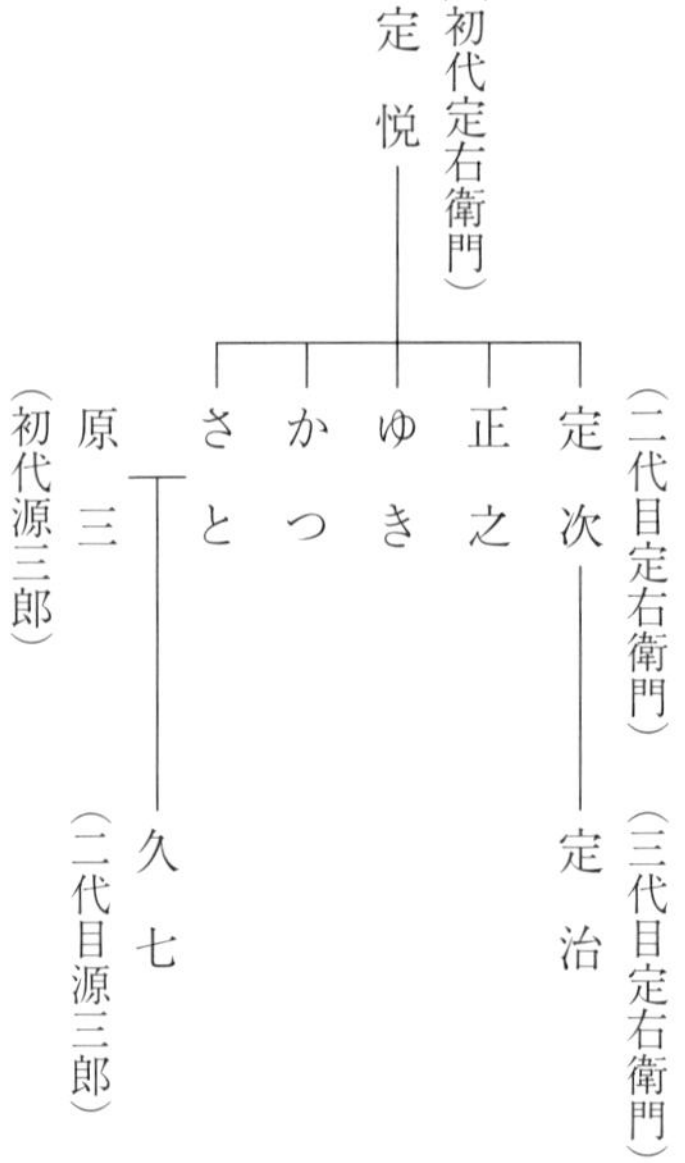

塚本定右衛門家は、ツカモトコーポレーション（東京都中央区日本橋本町）の創業家である。初代定右衛門（寛政元年〈一七八九〉～万延元年〈一八六〇〉）は十九歳のとき小町紅を行商し、二十四歳のとき、甲州で「紅屋」という店を起こした。その子定次（二代目定右衛門）、正之（初代粂右衛門）、末娘さとの養子原三（初代源三郎）らが協力して店を充実させた。原三の子久七（二代目源三郎）は、商売の傍ら、塚本家や、『川並誌』をはじめ地元川並村の歴史についての著作を残している。今回の川並の寺子屋についての調査では、この久七の著作の記述を参考にするところが多かった。

『日本教育史資料』の川並の寺子屋の生徒数は一三〇人（嘉永四年調べ）であり、時習斎の生徒数は一八〇人（明治三年調べ）である。一方、『滋賀県市町村沿革史』第三巻（滋賀県市町村沿革史編纂委員会）に掲載されている明治十一年の川並の人口は、単独の村としては五個荘地区で最も多い一、〇五八人、北庄（現、東近江市宮荘町）とその隣接する五位田《ごいで》との合計の人口は一、一一二人と記されている。「近世中後期近江国在村一寺子屋の動向」という論文で、ルビンジャーが驚いた北庄村の就学率を「九一・四パーセント」とはじき出した柴田実氏は、一、一一二人から五位田の人口を差し引いた北庄の人口を、ほぼ九四〇人と計算している。これにしたがえば、北庄は川並よりやや人口が少ないが、五個荘町域では川並に次ぐ人口があったと判断できる。この北庄の就学率がほぼ皆学であるとすると、村の人口も寺子屋の生徒数も北庄とよく似た川並も、それに近い就学率であったと見てもよさそうであり、源三郎の記事も決して誇張したものではなかったと考えられる。

3　京都での書の修業

ところで、俊蔵は寺子屋の師匠になる前に、京都に遊学している。

『川並誌』の「祖師聖人御遠忌録の事」の項には、文化四年（一八〇七）に行われた福應寺の親鸞聖人五百五十年遠忌について記されている。そこには「（この遠忌は）正に村を革新した一大事業である」と述べられ、川並の人々に大きな刺激を与えた旨が記されている。時の福應寺住職博聞《はくぶん》は京都の歌人香川景樹《かがわかげき》と親交があるなど交際も広く、その外交手腕を発揮し、仏光寺二十三代門主随應上人の実弟、正行院應専の下向を実現した。

この遠忌には、若き日の塚本定悦（後の初代定右衛門―十九歳）、医師塚本専教の養子主税《ちから》（十七歳）、幼き日の浅野素実《そじつ》（後の照耀寺住職―七歳）、幼い川島俊蔵（五歳）などが奉仕に出ているが、有栖川家の息女を母とする正行院の下向により川並村にもたらされた文化の香りは、これらの若者たちに強い影響を与えたであろう。現に定悦はこの後行商を志し、主税は長崎に遊学し蘭医に外科を学び、素実は京都本願寺に遊学し、俊蔵は京都粟田口の勝見主殿の門に学んでいる、と『川並誌』は説明して

図12　金亀会館　現存する彦根藩校遺構。

いる。

川島家には、「俊蔵は最初彦根藩の藩校に学び、その後京都でさらに学んだ」という口伝がある。彦根藩校は寛政十一年（一七九九）に「稽古館」として設立され、天保元年（一八三〇）に「弘道館」と改称されたが、基本的には藩士の文武奨励の教育機関であった。現在、金亀《こんき》会館として遺されている（図12）。川島家の口伝が正確なものであるとすると、川島家は川並に移り住んでからも彦根藩士に準ずる扱いを受けていたことになり、彦根藩と浅からぬ縁があったことが想起される。

さて、『川並誌』で俊蔵が学んだと紹介されている「京都粟田口の勝見主殿」について、少し調べてみることにしたい。

まず「京都粟田口」には、天台三門跡の一つの青蓮院（図13）がある。この青蓮院のことを、「粟田御殿」「粟田宮」と言うこともある。

図13　青蓮院門跡

鎌倉時代の末期、この青蓮院に伏見天皇の第五子尊彦親王が入り、十四歳で出家、僧名尊円と改称し、第十七世青蓮院門主となった。さらに三十三歳で天台座主となり、以来三回、天台座主を勤め、晩年には四天王寺別当も歴任している。

尊円親王（永仁六年〈一二九八〉～正平十一年〈一三五六〉）は幼い頃、伏見天皇に書の手ほどきを受け、以後世尊寺流の書を学び、藤原行成、小野道風らの書の影響を受け、『入木《じゅぼく》口伝抄』などの書論も出すなど、一流の書家でもあった。

この親王の書風は「尊円流」「青蓮院流」「御家流」と呼ばれて、親王在世中から尊重され、後に青蓮院歴代の門主に引き継がれていった。またその書風は、青蓮院内にとどまらず、宮廷、貴族、他の寺院にも広がり、江戸時代には幕府の公用文字として武士、庶民の間に広がっていった。全国の寺子屋で教えられた手習いも、この「御家流」

が中心であった。

4　勝見主殿に師事

次に、勝見主殿について見てみよう。

学習院大学文学部助教の田中潤氏に、「江戸時代の青蓮院門跡と入木道」という論文がある。この論文は、青蓮院の江戸時代中期の門主尊真親王（延享元年〈一七四四〉～文政七年〈一八二四〉）の命によってまとめられた寺誌『華頂要略』を、田中氏が分析したものである。

この論文によると、尊円親王によって始められた入木道《じゆぼくどう》（尊円流のこと）は代々の門主に引き継がれていたが、尊真親王の前後の時代は、後継ぎの親王と並んで門跡家来も流派を継承するようになった。その家来の一人が勝見主殿孝友である。勝見主殿は尊真親王の後継者尊宝親王と並んで、尊真親王から教授されている。

入木道は宮家、公家、武家など門跡外の人々にも伝授されていたが、十八世紀後半からは町人の入門も認められるようになった。このように入門者が増加していく時期に門跡では「入木道御用掛《がかり》」（入木道支配方）という掛が設けられ、主殿もその掛に就いている。この掛は門主の代行を担当し、門人を統括することになり、門主と同様、免許皆伝の能書家の人物が選ばれているが、この掛には、門人の入門などに際して門人から御礼金が納入されるなど、役得を伴っていたという。

一方、青蓮院の歴史や「御家流」の歴史などに詳しい青蓮院門跡の職員新濱仙周氏より、勝見家や勝見主殿自身について次のような情報を得た。

主殿の曾祖父江間自安は、高槻藩主永井家の侍医を勤めていた。主殿の父勝見右膳尚友が宝暦七年（一七五七）に初めて青蓮院に仕え、書に巧みであったので、宝暦十一年（一七六一）に祐筆方《ゆうひつがた》（専門書記官）に任命された。その後、明和七年（一七七〇）、青蓮院に伝わる「入木道十七条」という御家流の奥義を伝授されている。

この右膳尚友の息子主殿孝友は、天明四年（一七八四）十月十三日に誕生し、幼名を幾之丞と称した。寛政二年（一七九〇）九月七日、父尚友が死去、数え年七歳で家名を相続し、翌年、時の門主尊真親王に初めてお目見えした。文化元年（一八〇四）祐筆方に就任し、文化九年（一八一二）、入木道十七条を伝授された。文化十三年（一八一六）祐筆方筆頭となり、文政四年（一八二一）には納戸方に就任している。翌文政五年（一八二二）には入木道御用掛となり、各地から御家流を修得に来た人たちの支配係となった。

さて、国際日本文化研究センター（日文研）のホームページから「日文研所蔵　稀本・資料データベース　平安人物志データベース」に入ると、『平安人物志』の実物写真を見ることができる。「平安人物志というのは、近世京都のWho's Whoであり、市井の各方面の文化人を集成している。明和五年（一七六八）の第一版にはじまり、安永四年（一七七五）、天明二年（一七八二）、文化十年（一八一三）、文政五年（一八二二）、文政十三年（一八三〇）、天保九年（一八三八）、嘉永五年（一八五二）、慶応三年（一八六七）の第九版までほぼ十年おきに増補されている」、と日文研のホームページに書かれている。

各版とも、京都在住の文化人を「儒家・詩・韻・篆刻・画・書」などに分類し、姓名・字号（本名以外の文化人としての名前）・住所などのデータが記入され紹介されている。

その文化十年（一八一三）版の分類「書」の五人目の欄に、「勝見主殿」の名前が左のように記されている。

越智孝友	知恩院門前狸橋	勝見主殿

本名「越智孝友」、字号「勝見主殿」、住所は「知恩院門前狸橋」である。

知恩院の門前通（古門前通）を西に向かい、東大路を越えると古門前通と新門前通の間を白川が流れている。この白川に橋が何本か架かっているが、その中に「狸橋」という橋がある（図14）。勝見主殿の自宅は、この近辺にあったのではないかと思われる。

文化十年版以外に、文政五年版、文政十三年版、天保九年版の『平安人物志』にもこの名前が見えるので、少なくとも一八一三年（文化十）から一八三八年（天保九）の間に、青蓮院「入木道御用掛」を勤める一方、京都の文化人としても活躍していたことが分かる。

そして文化四年（一八〇七）、福應寺遠忌のときに五歳であった俊蔵も、その後、志を立てて彦根藩校に学んだ後、知恩院門前、狸橋の勝見主殿の門を叩くことになるのである。

図14　白川に架かる狸橋　勝見主殿の家はこの近くにあったと思われる。

図15　川島家にある入木道巻物　青蓮院から発行された奥義書と思われる。（滋賀大学経済学部に寄託）

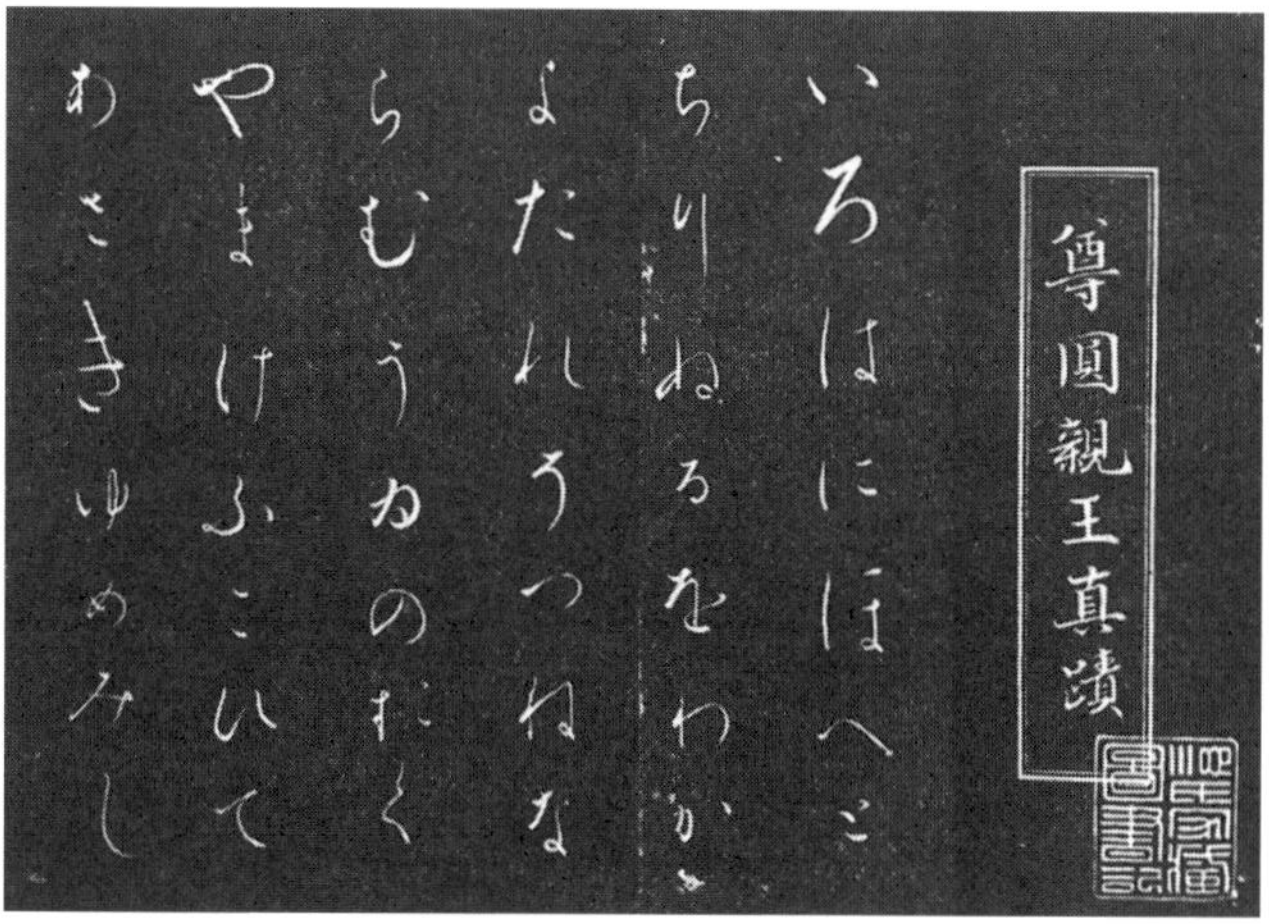

図16　尊圓親王真蹟（滋賀大学経済学部に寄託）

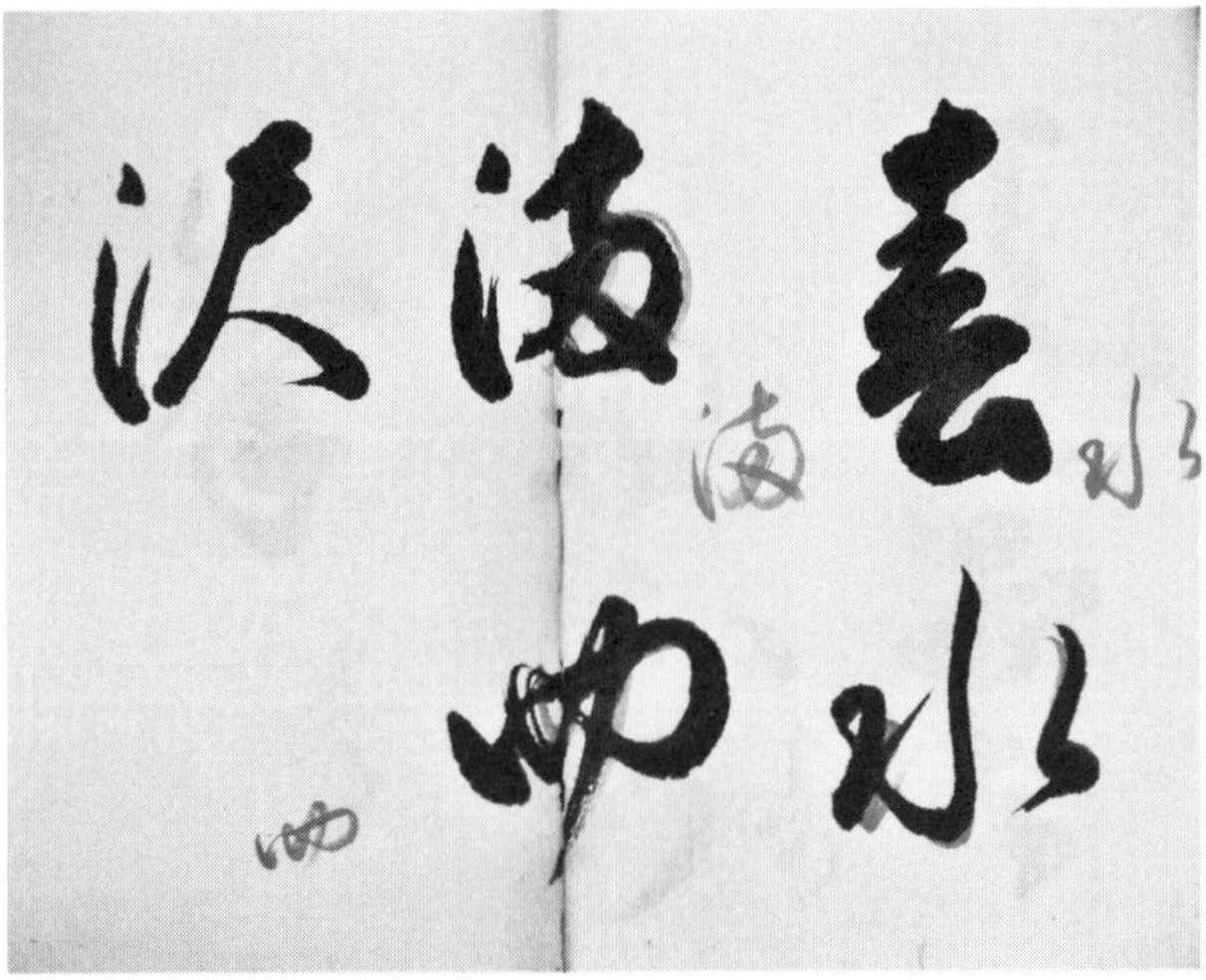

図17　勝見先生手直し　俊蔵の字を勝見主殿が添削。川並に帰ってからも添削してもらっている。（滋賀大学経済学部に寄託）

滋賀大学に寄託されている川島俊明家の文書の中に、「入木道」と書かれた巻物（図15）と「尊圓親王真蹟」（図16）という「いろは文字」が印刷された手本がある。この巻物は、一人前と認められた弟子に師匠が伝授した奥義書であろうと推察する。また、尊円親王の手本は、「御家流」を引き継ぐ勝見主殿から俊蔵に、奥義書とともに授与されたものではないか、そして俊蔵は、自分の書道修業の原典として、心の支えにしていたものではないかと思われる。

一方、勝見主殿の「習字手本」という文書がいくつか残っているが、その中で年号が確認されているものとして、「文政二年（一八一九）誌哥六本　勝見先生御筆」、「文政三年（一八二〇）七月　秋夜誌哥勝見御筆」、「文政四年（一八二一）三月　誌哥五本勝見先生筆」、「文政十二年（一八二九）八月　栗田御殿勝見先生御加筆（朱書添削）」などがある（図17）。

一番古い年号の「文政二年」は俊蔵が十七歳のときのものと考えられ、京都での入門中に勝見から与えられたものか、川並に帰ってから与えられたものかは分からないが、少なくとも俊蔵は、このときまでに尊円親王の書風を引き継ぐ勝見主殿に入門していたことが分かる。

滋賀大学には、その他、俊蔵家に関わる書状や金品授受の書付、通い帖などが合計百六十四通あるが、その内五十七通が、勝見主殿から川島俊蔵に宛てた書状である。

滋賀大学の「川島俊明家文書（古文書）目録」によると、それら主殿の書状は、「清書返却」「手本入墨・清書朱字相加返却」など、寺子屋師匠の俊蔵が、勝見主殿にスーパーバイザー（師匠の師匠）として教えを請うたことへの返信や、「年賀・歳首の祝儀受納」「端午祝儀受納」など盆暮節句ごとの祝儀の受領礼状、「老母死去ニ付御香資等の礼」「近火御尋之儀当家無別状旨」など、不幸や臨時の出来事への見舞いに対する返礼などがあり、勝見主殿と弟子としての俊蔵の交わりは、俊蔵が川並に帰ってからも浅からぬものがあったことを物語っている。

5　医薬に精通

『川並誌』には、「醫薬に精しく闔郷其学徳を慕うた」と書かれているが、そのことを示す書物もまた滋賀大学に寄託されている。

滋賀大学の「川島俊明家文書目録」には、『萬病回春』（明代萬歴丁酉〈一五九七〉、龔《キョウ》雲林著。図18）、『薛氏醫案和解』（享保二丁酉年〈一七一七〉、鈴木宗春叙）など、医学に関する専門書が五十点もあり、

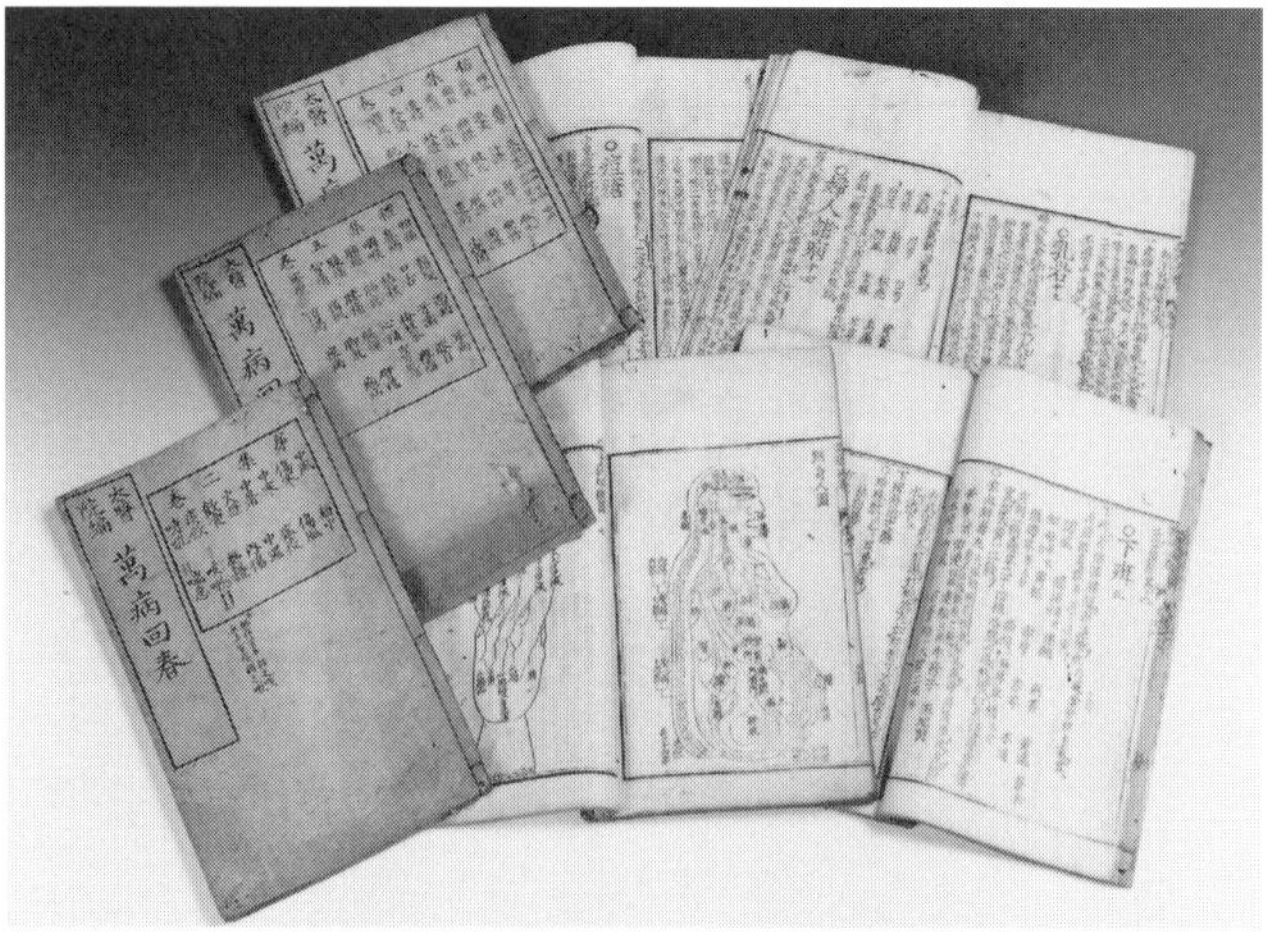

図18『萬病回春』明代の医学書。（滋賀大学経済学部に寄託）

俊蔵がこの方面にも精通していたことが窺える。

また『東洞吉益先生著　薬徴抜書』という、弘化二乙巳年（一八四五）に俊蔵が書き写したと思われる薬学の書物（図19）もある。吉益東洞《よしますとうどう》（名は為則、東洞は号。元禄十五年〈一七〇二〉～安永二年〈一七七三〉）は江戸時代中期に活躍した漢方医であるが、この『薬《やく》徴《ちょう》抜書』には、「石膏、滑石、芒消（硝）」などの鉱物や「甘艸、桔梗、葛根」などの植物、「水蛭、牡蠣」な

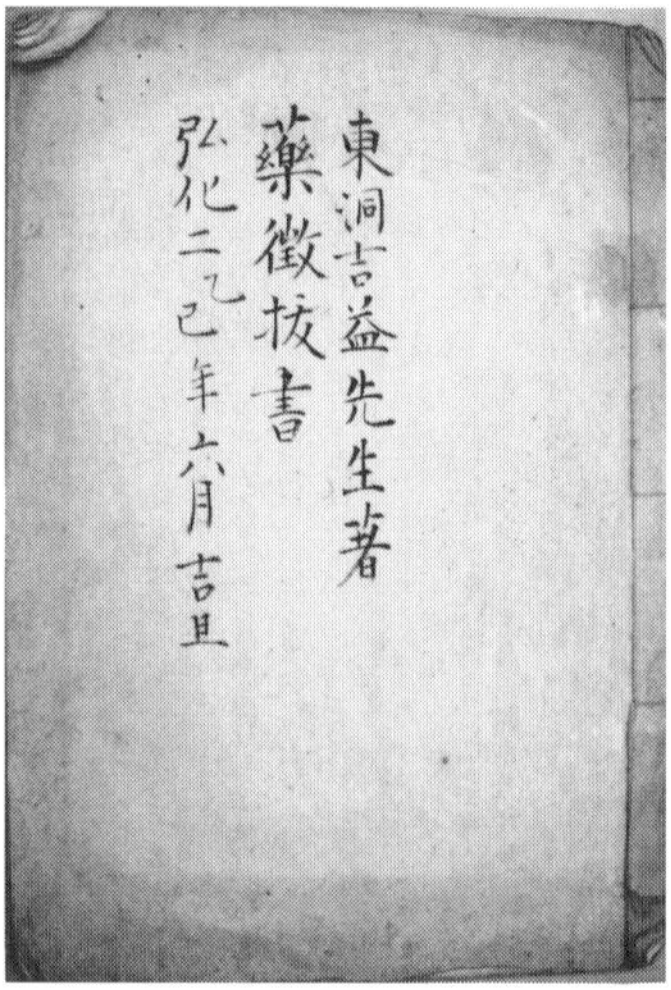

図19『薬徴抜書』（滋賀大学経済学部に寄託）

図20　薬種箪笥（左）**と薬研**（右）　俊蔵は薬を調合して村人に投薬していた。（川島家蔵）

どの動物を原料とした、漢方薬の効能が書かれている。
この他、「薬種之御通」という薬種業者の通い帳もあり、川島数右衛門（俊蔵のこと）[注]が「麻黄」や「葛根」などの薬種を購入した記録があり、また、川島家には、薬種を種類分けして保管する薬種箪笥や、薬種を粉砕して粉薬にする薬研が保存されている（図20）。これらのことから、俊蔵は子どもたちに、読み・書き・算術を教えるだけでなく、医薬の知識を発揮して薬の処方をし、村人から崇敬されていたであろうことが窺える。

［注］　川島家三代目の寺子屋師匠は「数右衛門」と言い、俊蔵の祖父に当たる。俊蔵はこの祖父の名前を継承したとみられ、塚本源三郎の著書にも、俊蔵のことを「数右衛門」と呼んでいる箇所がいくつかある。弘化二年に『薬徴抜書』を書き写し、これをもとに薬種の調剤をしたのは俊蔵であるので、この通いの「数右衛門」は俊蔵に間違いない。

第三章　近江商人を育てた寺子屋

一　往来物

奈良教育大学の梅村佳代教授はその著『近世民衆の手習いと往来物』（梓出版社）の中で、わが国の海藻学の開拓者であった岡村金太郎[注]（慶応三年〈一八六七〉～昭和十年〈一九三五〉）が、寺子屋教材の分類を試みて編纂した『往来物分類目録』について触れ、岡村の往来物の定義を次のように紹介している。

（岡村は）往来物が往復書簡そのものであったのが、その書簡のために手習いするようになり、書簡体裁の学習教材を往来物とすることになったこと、江戸時代には往来物の名称がなくても寺子の学習の教科書と同義語だったと伝えている（カッコ書きは筆者）。

つまり、この定義により、江戸時代の寺子屋で使用されていた教科書を往来物と言うと理解しておく。岡村は往来物を、「一、熟語類　二、消息類　三、訓育類　四、歴史類　五、地理類　六、実業類　七、合書類　八、理学類　九、雑学類」の九種類に分類した（『岡村金太郎蒐集「往来物分類集成」収録書目録』より）。

［注］　岡村は大正十一年に著した「徳川時代庶民教育の教科書たる往来物に就きて」という講演録の緒言で、天保十四年（一八四三）生まれで八十歳になった母が、手習い所で習った女江戸方角という七五調の句を口誦するが全文を覚えていなかったので、原文を求めて寺子屋の教科書を収集したと述べている。「専門の海藻の代わりに古本を集めて其の内容の研究から、之を分類してみた譯と云ふのでありますので、文学的に研究したと云ふのではなく、理学的に取り扱った譯なのでございます」と、興味深いエピソードを述べている。

石川松太郎氏によると、岡村は、「明治期より大正期にかけて往来物（前近代の初歩教科書）ならびにこれに類する初歩教材の収集に努め、ついには一千種をこえる多量なものとなった」と言う（『往来物の成立と展開』石川松太郎、雄松堂、一九八八年）。

二　商人に必要な読み・書き・計算を教える

1　読み書きを教える

『日本教育史資料』に、俊蔵の寺子屋では「読書　習字　算術」を教えていたことが記されている。
一般的な寺子屋での「読み書き」の習得は、まず「いろは文字」の手習いで、仮名文字を覚えることから始まる。次に「人名」や「村名」、「国尽《くにづくし》」といった教科書を書き写しながら、人名や地名を読み覚えていく。続いて、年賀状その他書状の手本など、日常生活で活用できる手紙文の手本を書き写しながら学んでいく。さらに、『実語教』や『童子教』などの訓育類や『商売往来』などの「実業類」を書き写しながら読み覚え、職業活動に備えていった。

川島俊蔵の寺子屋における勉学の様子が、塚本源三郎の著した『紅屋《べにや》二《に》媼《おう》』に記されている。この本は、源三郎の伯母ゆき（天保四年〈一八三三〉～大正十二年〈一九二三〉）と母さと（天保十四年〈一八四三〉～昭和三年〈一九二八〉）の伝記であるが、そのゆきの幼少期の勉学について、「ゆき女は最初村の寺子屋の師匠川島数右衛門（俊蔵のこと）に就いて、小手本、村名、人名、児状、用文集、商売往来、女庭訓往来状らを授けられ、十四歳の時から、京都高倉の大伊といふ人のもとに寄宿して、大伊の妻女（岩田平といふ商人の姉にて、婦徳の誉れ高かった婦人）から、裁縫、行儀などを学んだ」とある。

「小手本《こてほん》」というのは、いろは文字等の手本の冊子である。また「児状《こじょう》」というのは、寺子屋に学ぶ者の心得を簡潔に示した教訓をまとめた冊子である。川島俊明家文書には、「小手本」「児状」（図21）と記された資料が複数ある。師匠が手書きで作成し、表紙には作成年と寺子の名前が記されてい

図21 小手本と児状（個人の学習課題に応じた編集。いずれも、滋賀大学経済学部に寄託）

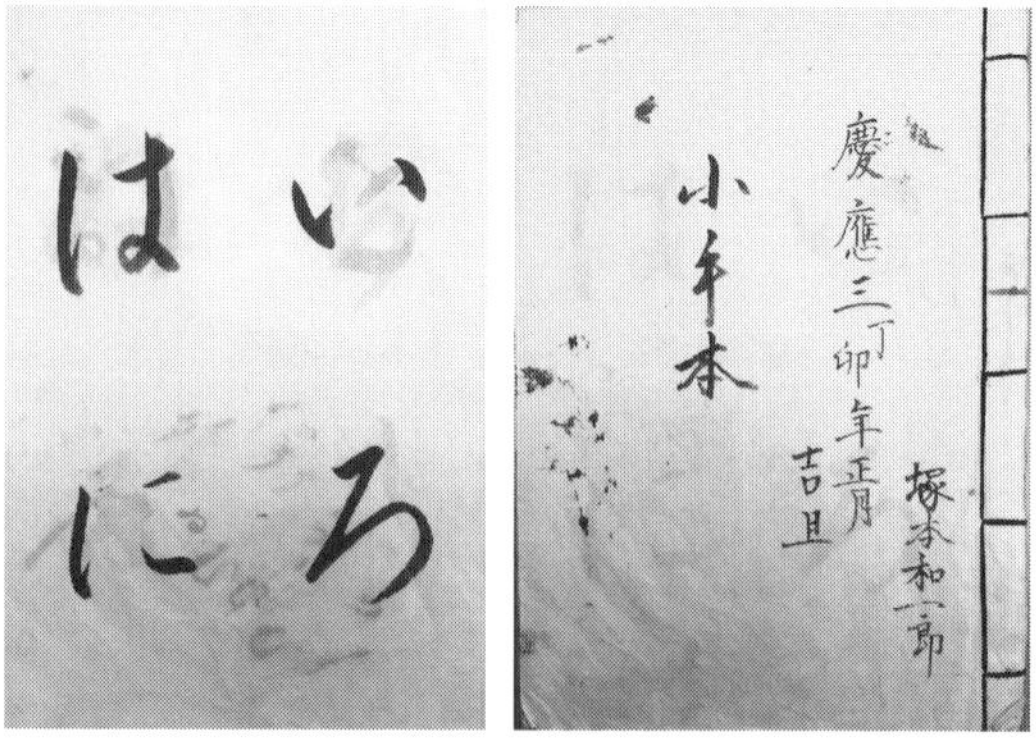

寺子の塚本和一郎に授けられた「小手本」は、省略も付け加えもなく、［いろは］から始まっている。

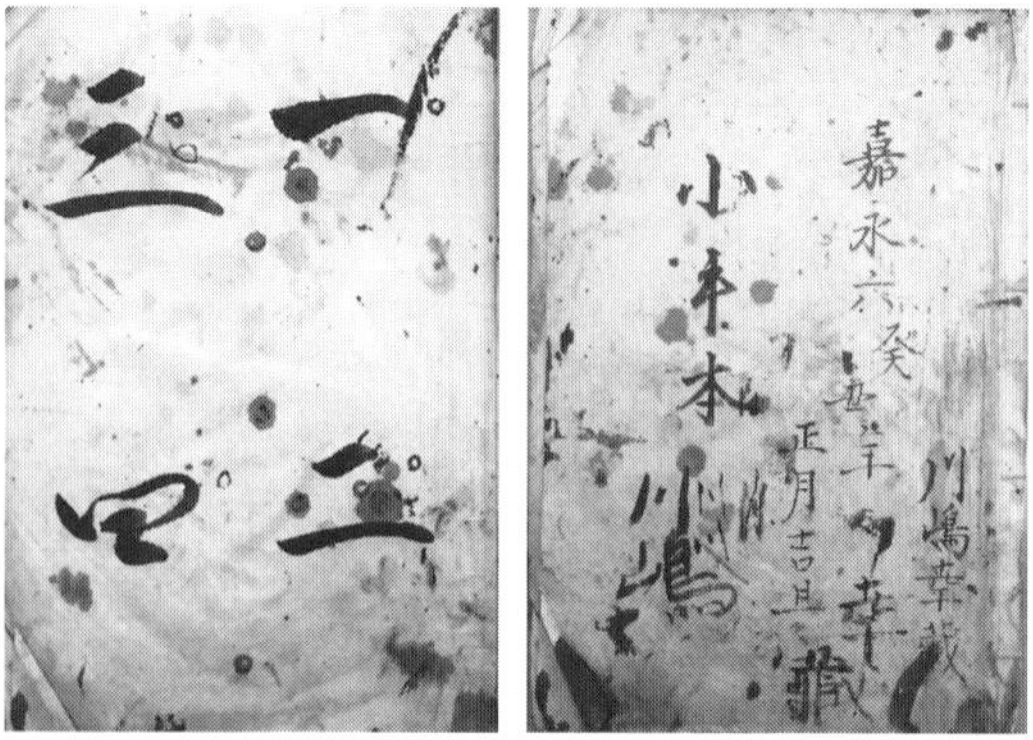

川嶋幸蔵の「小手本」は、［いろは］がなく、漢数字から始まっている。

↘准訓導の資格を得て、母校で教鞭をとっている（『川並学校沿革史』参照）。川島俊蔵の教育が、次の世代を育成した例である。

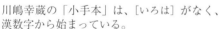

いずれも落書きや墨の飛び跳ねでかなり汚れていて、にぎやかに手習いをしている子どもたちの姿が目に浮かぶ。

塚本吉太郎の「小手本」には、末尾に十干十二支が書かれている。

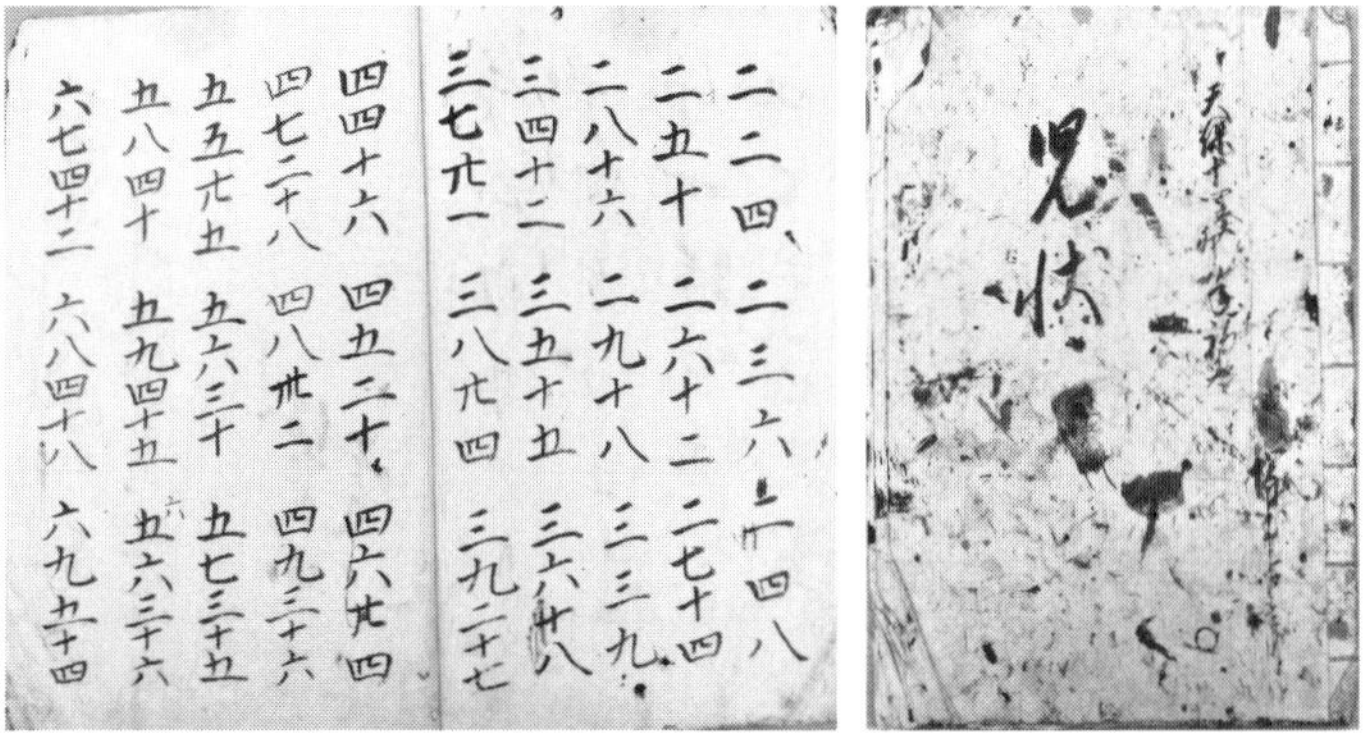

塚本吉太郎に授けられた「児状」には、教訓の末尾に九九表が書かれている。

慶応３年に俊蔵から「小手本」を授けられた塚本和一郎は、明治６年に寺子屋が発展して設立された川並学校でも学び、明治８年には成績優秀により県令籠手田安定から表彰され、その後、村から援助を受け、３等↗

る。川島家の「小手本」「児状」には必須の基本内容があるようだが、よく読んでみると、その基本内容に、他の寺子用の「小手本」には無いものが付け加えられたり、基本の一部を省略して書かれているものなどがあり、最初から最後まで全く同じものがあまりない。たとえば「小手本」は、まず「いろは文字」、次に「漢数字」、さらに「手紙文の慣用句」というのが基本的な構成であるが、手紙文の後に、十干十二支の文字が書かれたものや、いろは文字が省略され、いきなり漢数字から始まるものなどがある。また、「児状」は寺子の教訓が書かれたものであるにもかかわらず、最後に算術の九九表が書かれているものもある。これらのことから、師匠は表紙に寺子の名前を書きながら、一人ひとりの子どもの学習課題を思い浮かべ、それに応じた教科書を作成して与えたものではないかと推測するのである。

ゆき女をはじめとして寺子たちは、これらの教科書を手本に手習いを行い、同時にその文字や意味する内容を覚えて成長していったのである。

川島俊蔵は、第二章で触れたように、御家流の宗家青蓮院の流れを汲む勝見主殿に学び、奥義書を得て帰郷した後も、勝見の添削を受けるなどして学び続けていたが、子どもたちへの手習い指導には懇切丁寧なものがあったと思われる。

なお、『紅屋二婳』において、ゆきが『商売往来』を学んだと記されていることについては、注目に値すると思うのであるが、これについては後述の「3　『商売往来』」の項で、詳しく考察してみることにする。

2　算術を教える

俊蔵の寺子屋では「算術」を教えていた。

川本亨二著『江戸の数学文化』（岩波書店）において、「寺子屋師匠の中には珠算を教えられない者が多かったらしく、寺子屋における算教育は幕末までほぼ三十％前後で推移している」と述べられている。

一方、東京文理大学教授乙竹岩造（明治八年〈一八七五〉～昭和二十八年〈一九五三〉）は大正四年から六年にかけて、全国の高等師範学校や師範学校に通う学生の協力を得て、江戸時代の末期に寺子屋で教えていたり、学んでいた古老、三、〇九〇人を対象に「興隆期庶民教育の地方調査」を行っている。乙竹によると、「天保元年から慶応元年に至る三十有五個年こそ、全国的に眺めて、質に於ても量に於ても寺子屋の黄金期であり」文献・遺物も多く、寺子屋経験者も生存しているので調査をしたという（『日本庶民教育史』中巻、参照）。

この調査では、各寺子屋で教えられていた「学科とその内容」「寺子屋での生活」「師弟関係」など多岐にわたる項目で聞き取りをし、地方や府県ごとの集計をして、その特徴をまとめている。

この中の滋賀県のまとめで、算術を教えた寺子屋が五七、教えなかった寺子屋が四九というデータを示しているが、これは調査対象となった寺子屋の五三・八パーセントが算術を教えていたことになる。このことについて乙竹は、「即ち算術を授けたもの、頗る多いのがこの県に於ての寺子屋の一特色である」、とコメントしている。

以上のような全国および滋賀県の趨勢と比較して、商家に奉公することを目指す子どもが多かった五個荘地区の寺子屋一〇軒中、七軒で算術を教えていたので、その比率は極めて高かったことが窺える。

滋賀大学の「川島俊明家文書（古文書）目録」によると、寺子屋での教科書または師匠の研鑽のための書籍は六一一点ある。『論語』『孟子』『中庸』や『唐詩選』『唐宋八家伝』などの漢籍、『庭訓往来』『商売往来』『女庭訓往来』などの往来物、『百人一首』など古典文学、『山海里』などの仏教書といった書籍のほかに、安政五戊午年（一八五八）に俊蔵が手書きした『算梯《さんてい》』という教科書がある。この教科書は、当時盛んであった和算の研究の成果に基づき書かれている。そこで、この教科書の中身を見る前に、わが国の和算の歴史について簡単に整理しておきたい。

和算の歴史

平山諦著『和算の歴史』（ちくま学芸文庫）によると、わが国は、中国から数学を三回輸入しているという。「第1回は奈良平安時代に、漢・魏・六朝数学を大陸文化の輸入とともに取り入れたが、なんらの発達を見ずに滅びた観がある。（中略）その2回目は、豊臣時代の末から、寛永の鎖国までの期間に行われた。（中略）中国数学第3回の輸入は明治維新の時に行われた」（第1章序説「中国数学の輸入」）。

図22　大津そろばんモニュメント（大津市園城寺）

このうち第二回目の時期に、その当時中国で出版されていた程大位《ていだいい》の『算法統宗《さんぽうとうそう》』などがわが国に紹介され、基礎的な数学知識が輸入された。そしてほぼ同時期に輸入されたそろばんの普及とともに、わが国に数学が発展していくのであった。

■大津そろばん　慶長十七年（一六一二）、大津追分の住人片岡庄兵衛は、長崎でそろばんの使い方を習い、大津に戻り、工夫を加えて「大津そろばん」なるものを制作した。以後、明治に至るまで、この名は全国にとどろいた。わが国の算術の発展に欠かせなかったそろばんが、近江の地発祥であることも明記しておきたい（図22）。

■『塵劫記』　わが国に数学のブームが起こったのは、京都の豪商角倉一族の一人、吉田光由（慶長三年〈一五九八〉～寛文十三年〈一六七三〉）が著した『塵《じん》

図23　時習斎の『塵劫記』
（近江商人博物館蔵）

劫記《こうき》』（図23）が寛永四年（一六二七）に出版されてからであった。桜井進著『江戸の数学教科書』（集英社インターナショナル）によると、この『塵劫記』は算術の教科書にもかかわらず、井原西鶴や十返舎一九などの人気作家の文学作品をはるかに凌駕する部数を売り上げていた。解説本や海賊版もあちこちから出版され、『塵劫記』と名のつく本をすべて合わせると四百タイトルに及んだと言われる。また、海賊版が多く出回るので、四色刷りで出版することになったが、この多色刷り印刷技術は、浮世絵を生み出していったとも言われている（第一章「大名から子供まで、江戸時代は数学フィーバー」、参照）。

岩波文庫『塵劫記』には、「新編塵劫記一」「新編塵劫記二」「新編塵劫記三」が掲載されている。

その「新編塵劫記一」には、「大数の名」「小数の名」から始まり、「量や広さ、重さの単位」「九九」「八算」そして、量や広さを加減乗除、貨幣の換算や利息計算など、基礎・基本的な問題が掲載されている。

また「新編塵劫記二」には、たとえば「けんち（検地）の事」（土地の面積の計算法）のように、具体的な生活の中で必要になってくる、やや複雑な計算問題が掲載され、「新編塵劫記三」には、二十一項目にわたり、たとえば「ねずみ算」「からす算」など計算することの楽しさを味わうような問題が掲載され、最後には「開平法」「開立法」という、難易度の高い問題が掲載されている。

一方、『塵劫記』においては円周率を「三・一六」として計算していて、私たちが学んだ「三・一四」で求める数値とは誤差が生じてくる。これは、後に詳しく述べるが、和算においては円の面積を求めるのに、「(直径)×(直径)×円周率÷4」という公式を用いることがあるので、円周率を4で割り、小数以下二桁になる数にしていたものと思われる。

江戸時代後半に出版された算術の教科書としては、松岡能一が文化三年（一八〇六）に著した『算学稽古大全』という書物がある。この書物もよく読まれていたようで、文政四年、天保四年、嘉永二年、文久九年と四度増補出版されている（『古典籍データセット』国文学研究資料館作、参照）。

■関孝和　江戸時代の算術を飛躍的に発展させたのは甲斐甲府藩士、のち江戸詰め旗本となった関孝和（寛永十九年〈一六四二〉～宝永五年〈一七〇八〉）であった。孝和は『塵劫記』を独学、中国で発達した「天元術」を研究し、延宝二年（一六七四）著作の『発微算法《はつびさんぽう》』において、筆算による代数計算法（点竄術《てんざんじゅつ》）を編み出した。また暦の研究の必要から、正十三万一千七十二角形を用いて、円周率を、小数第十一位まで求めた。彼の弟子建部《たけべ》賢弘《かたひろ》（寛文四年〈一六六四〉～元文四年〈一七三九〉）は、関孝和の『発微算法』に解説を加え、さらに円周率を四十一桁まで求めることに成功した。

このような関孝和以降の多くの算術家たちの活躍は、西洋世界の数学の発展とは関わりなく展開さ

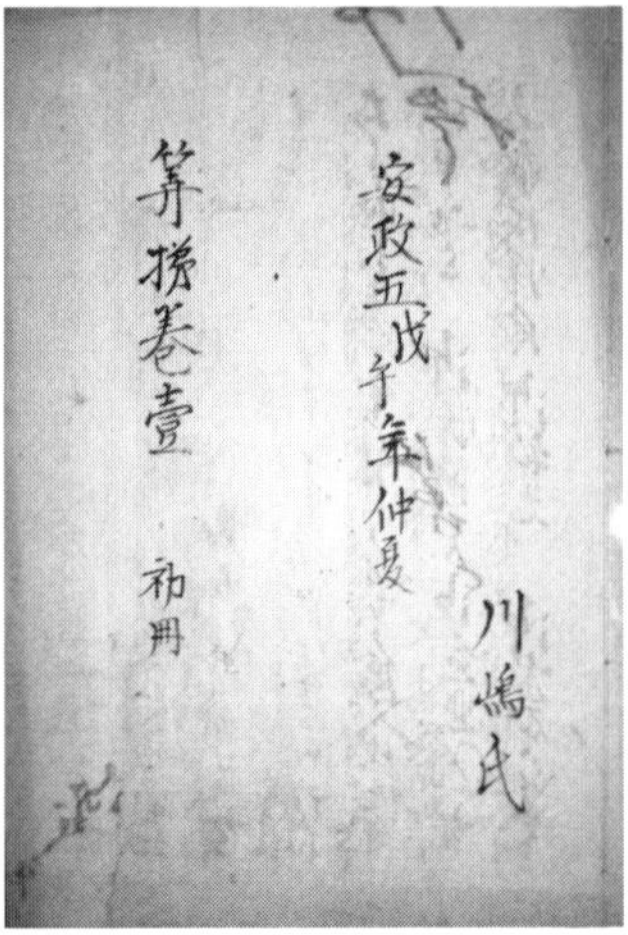

図24　『算梯巻壹』　川島家の算術教科書。（滋賀大学経済学部に寄託）

れ、高い水準の数学理論を築き上げた。しかし、明治維新以降、西洋文明の圧倒的な流入の中、日本独自の算術は、「そろばん」という計算用具以外は忘れ去られることになる。

川島家の算術教科書『算梯』

川島家には、『算梯巻壹』『算梯巻貳』『算梯巻三』という、三冊の俊蔵手書きの算術教科書（図24）がある。

「算梯《さんてい》」という言葉は、「算術のはしごを昇るように学んでいくテキスト」という意味であろう。江戸時代に『算梯』と名付けられた算術の教科書はいくつか見られる。

安永九年（一七八〇）、仙台藩の天文方であった和算家戸坂保佑（一七〇八～一七八四）が『関算四伝書』五一一巻を編纂して仙台藩侯に献上したが、その「要伝」一一五巻の内、四四～四六巻を「算梯」と呼んでいる（『関算四伝書「算梯」における写本間の親近性について』東大寺学園、小寺裕、およびホームページ「和算の館」）。

その他、早稲田大学図書館がｗｅｂ公開している『算梯』や、筑波大学所蔵『算梯』（国文学研究資料館ホームページ、筑波大学画像一覧参照）などがある。それらは『算梯』という書名は同じであるが、

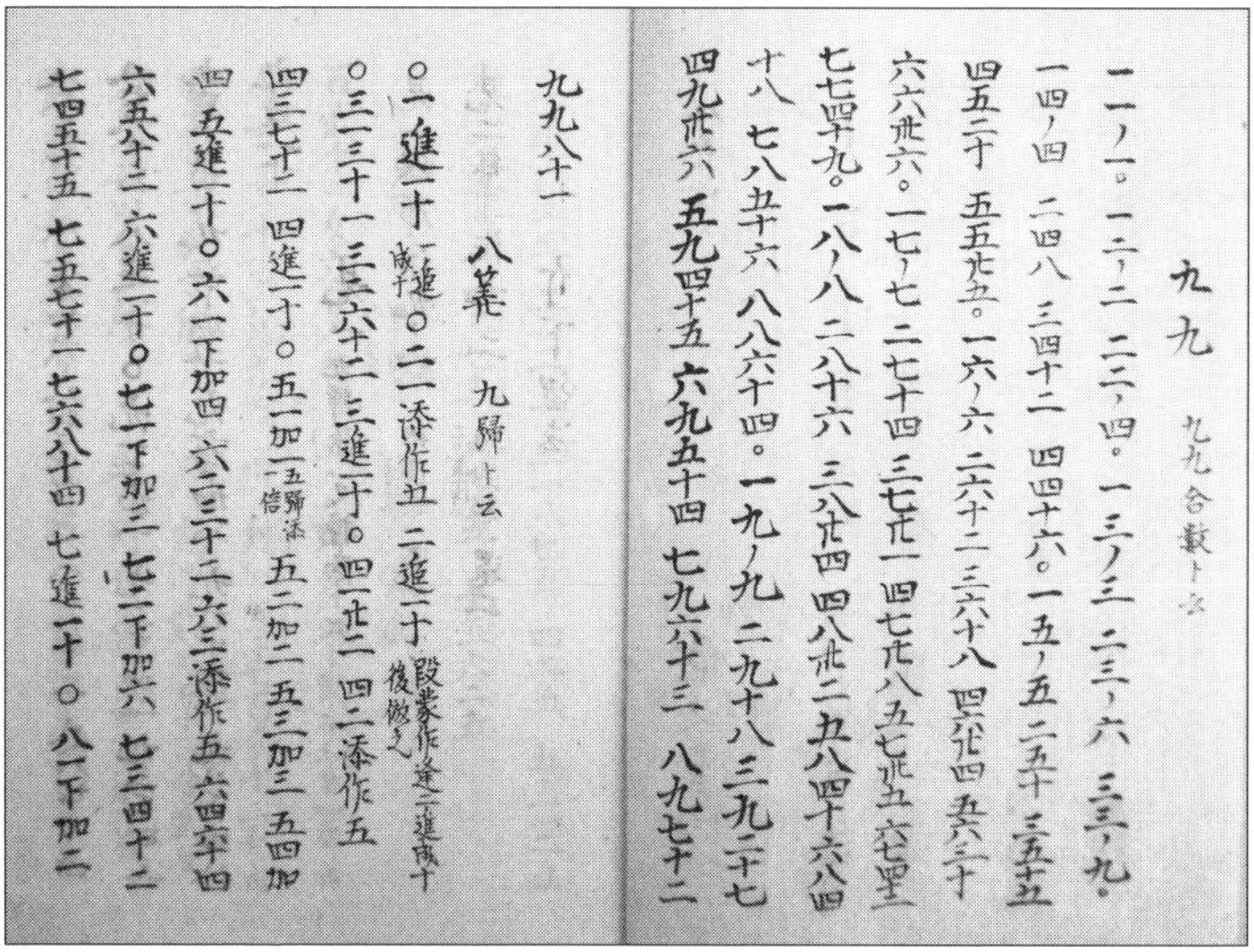
図25　『算梯』の九九表・八算表（滋賀大学経済学部に寄託）

内容的には同一ではない。

川島家の『算梯』は、『塵劫記』以後出版された多くの算術教科書のいずれかを写し取ったか参考にして、川島俊蔵が安政五年（一八五八）に編集し手書きしたものと考える。

その「巻壹」には、「一、十、百、千から億、兆、京そして澗、正、載、極」という大数の位や、「分、釐（厘）、毫（毛）や沙、塵、埃、渺、漠」という小数の単位などから始まり、「九九」や「八算」など計算の基礎が示されている（図25）。

少し進むと「百弐十四匁六分八厘ヲ二ツニ刻レバ六十弐匁三分四厘ニ成ル」など、銀や米、布などを分割する簡単な計算問題が書かれている。

さらに読み進んでいくと、金・銀の相場に応じた換算計算や、綿・絹など反物の値段の計算、大豆と小豆の単価の違いを踏まえ、大豆を買ったのと同額で小豆を買える量の計算、金利計算など、実際の商業活動に応用できる計算問題が次々と書かれている。

これらの記述内容の配列を見ると、『塵劫記』や『算学稽古大全』の配列によく似ている。『算梯巻貳』に掲載されている、少し面白い計算問題を紹介してみたい。

■**流水に浮かぶ木の流れる距離**（『算梯巻貳』より）

一、流水有浮木　人之壱息ニ三百間ツヽ流　此浮木一日
　一夜ニ何程流ル　答拾八里廿七丁　但人之一息壱昼夜ニ
　壱万三千五百息
　六尺壱間　六十間一町
　三十六丁壱里也

「流水に浮かぶ木が、人の一息で三百間ずつ流れるとき、この木は一昼夜にどれだけ流れるか。
答…十八里二十七町　ただし、人の一昼夜の呼吸は一万三千五百息、六尺が一間、六十間が一町、三十六町が一里とする」という問題である。

この問題で面白いのは、今なら時速・秒速などで表現する動体の速さを、人間の一呼吸を単位に考

え、人の一昼夜の呼吸を一万三千五百と決めて計算させているところである。

一方、答えの「十八里二十七町」を一万三千五百息で割って逆算してみると、一息で浮木の流れる距離は「三間」となる。問題の条件に間違いがあるのか、答えが間違っているのかわからないが、一息で三百間浮木が流れるというのは流れが速すぎると考えられるので、問題の条件に間違いがあるのかも知れない。いずれにしても、数多い問題の中で変わった傾向の問題である。

次に紹介するのは、大豆・麴・塩・薪という材料を用いて味噌をつくるという、実際のものづくりの場面を設定した問題である。単価や単位の違う材料の経費を計算し、味噌づくりに必要な原価を計算させている。

■味噌づくりの原価計算（『算梯巻貳』より）

一大豆七斗ニテ味噌ヲ仕込トキ大豆一斗ニ付
麴六升塩四升薪八百目之積也　大豆一石
代四拾八匁　麴一石代三十匁　塩一石代弐拾匁
薪壱千目代弐分五厘ニシテ惣目ヲ問
答　大豆七斗代三拾三匁六分　塩二斗八升代五匁六分
麴四斗二升代拾二匁六分　木五千六百目代壱匁四分

次に『算梯巻三』の中から、図形の問題を少し紹介する。

『算梯巻三』においては、正方形・長方形・ひし形・台形・円・扇形など、さまざまな形をした田んぼなど土地の面積を求める演習題が、数多く掲載されている。

これらの中に、円の面積・正三角形の面積など、興味深い問題がある。

■円の面積（『算梯巻三』より）

図26の「円径」というのは円の直径、直径五間の円形の土地の面積を求める問題である。

この問題で注目することが二点ある。

第一点は、【円周率】が「三寸一分四一六」と書かれている点である。このことは【円周率】「三・一四一六」で計算せよということである。『塵劫記』が「三・一六」、現代のわれわれは算数・数学で「三・一四」で計算しているが、より厳密な数値を用いている。

この数値は、関孝和以降、和算家たちが【円周率】を厳密に求めた研究成果を反映している。また、「三・一四一六」でとどめたのは、この後述べる【円周率】を四で割る数値を導きやすくしているものと思われる。

第二点は、円の直径が分かっているときには、【円責（積）率】「〇・七八五四」という数字を、円周が分かっているときには、【周責（積）率】「十二・五六六四」という数字を使うことで面積が求められるということを教えていることである。【円積率】は【円周率】の四分の一、【周積率】は【円周

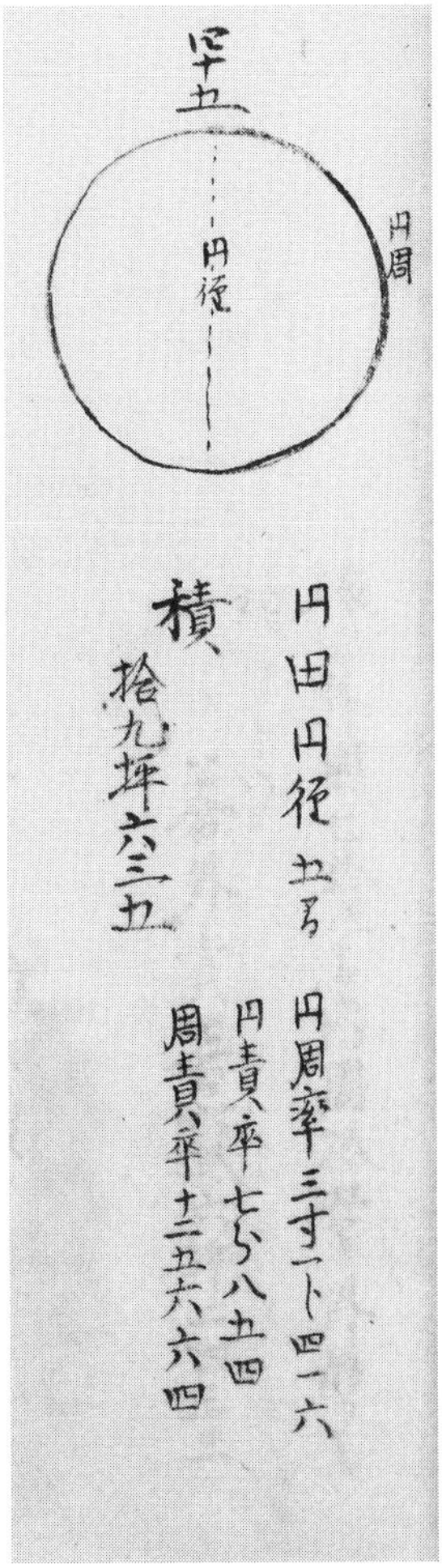

図26　円の面積の求め方
（『算梯巻三』より）

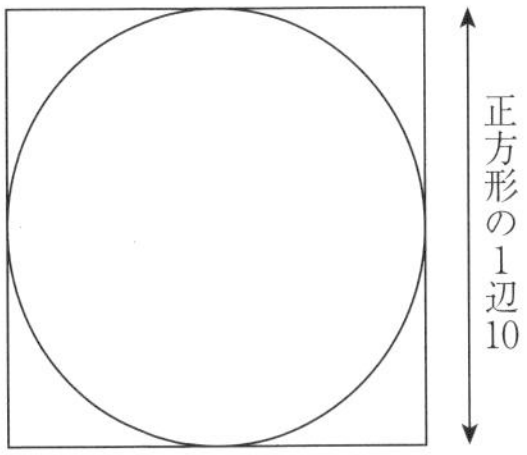

図27　円に外接する正方形
円周率を3.1416とするとき、
直径10の円の面積は78.54。
１辺10の正方形の面積は100。
内接円の面積は正方形の0.7854倍。
0.7854は円積率。

率】の四倍である。

直径を二乗すれば半径の二乗の四倍となる。この数値に【円周率】の四分の一、つまり「〇・七八五四」を掛け合わせると円の面積が出る。

一方、【周積率】は、円周の値から円の面積を求めるときに使う。まず、円周を二乗すると、半径の二乗の四倍の値と【円周率】の二乗を掛けた数値が出てくる。この数値を【円周率】を四倍した数値、つまり【周積率】「十二・五六六四」で割ると、この円の面積が求められることになる。

これらの計算は、直径を二で割り、円周を円周率と二で割ったほうが、半径で面積を計算する私たちには理解しやすいが、数字によっては半径より直径のほうが単純で扱いやすい数字であったり、円周が整数で表現されている場合などは、【円積率】【周積率】さえ覚えていれば面積は出しやすいことになる。

また、【円積率】「〇・七八五四」は円に外接する正方形の面積に対する円の面積の比率でもあることを知ったとき、和算の考えの幅広さを知ることになる（図27）。

この『算梯』にはこの他、正三角形の面積を、一辺の長さの二乗に「〇・四三三」（三の平方根の四分の一）を掛けて求めたり、球の体積を、直径を三乗して【立円率】「〇・五二三六」（円周率の六分の一）を掛けて求めたりする問題などが多く出ている。

これらの問題を解く子どもたちにとって、覚える数字が多くなるが、覚えてしまうと条件によっては、計算が早くできることにもつながるのである。

寺子屋での算術学習の程度

寺子屋の算術の教科書を読み進めていると、現在から見てもかなり高度で複雑な問題が続出してくる。では実際に寺子屋では、どの程度まで教授されていたのであろうか。

先に紹介した乙竹岩造は「興隆期庶民教育の地方調査」の中で、「教科目・教科書及び教材」という調査項目の内、「算術」に関しては、「算術その他の教科目に就いて全部をお習いになった順序に伺いたし」という質問を行っている（『日本庶民教育史』中巻、乙竹岩造著）。

これに対して回答した者が一、七七五名いたという。

前掲『江戸の数学文化』の著者川本亨二氏は、この一、七七五名のデータをもとに独自の集計を行い、寺子屋で算術の基本の四則計算まで学習した者が七八・六パーセントであったと計算している。

この数値は、一見すると寺子屋での算術学習の程度が、初歩的な学習にとどまっていたように見えるが、次のような二点で評価をしてみたい。

まず第一は、たとえば五個荘地区の多くの寺子のように、将来商業に携わることを目指す者にとっては、そろばんを使いながら、間違いなく四則計算を行う力を身につけることが必須条件であったのではないかという点である。

尺貫法は、十進法ばかりではない。また、長さの単位も鯨尺と曲尺があり、貨幣も金貨・銀貨・銅銭などがあり、それらの換算も煩雑である。算術の教科書にもそのことを問う問題がたくさん掲載されている。しかし、それらの計算をするにつけ、基本の四則計算が不十分であれば、問題は解けず、ましてや商売の実践現場では売買の交渉などにも太刀打ちできない。逆に、四則が間違いなく計算できる力が身についていれば、あとは尺貫法のルールなどを理解できれば計算の間違いはなくなる。したがって、寺子屋では難易度の高い問題よりも、まず四則計算を徹底して学ぶことを望む子どもが多かったのではないかと考えるのである。

第二は、「開平法まで」や「開立法まで」を学んだと回答した者が一四・三パーセントいるということの評価である。これらは広く読まれていた『塵劫記』の項目で言うと最終章に登場する、かなり高度な思考力と計算力を必要とするものである。算術を学んだ者の七人中一人が『塵劫記』の最後までたどり着いていると考えると、当時の子どもたちの算術能力を侮ることはできない。江戸時代の和算の驚異的な発展は、このような寺子屋での教育が下支えしていたのではないかと考える。

■能登川大濱神社の算額

五個荘地区に隣接する東近江市の能登《のと》川《がわ》地区、伊《い》庭《ば》町の大濱神社（図28）に、文化九年（一八一二）に奉納された算額《さんがく》（図29）がある。

江戸時代に和算が大きく発展し、江戸などでは有名な和算家のもとに弟子が集まり、問題を競って解いていた。難問が解けたとき、そのことを喜び、また世間に発表するために神社の絵馬堂などに掲げられた額のことを算額と言う。近江の奇祭「神輿の坂下し」（図30）で有名な伊庭の大濱神社には、村田太三郎という師匠についていた中村善九郎という人物が、直角三角形の中に描かれた大・中・小の円の直径を求める問題と、大・中の円二つに挟まれた小さい円の直径を求める問題に挑んだと思われるものが掛けられている。おそらく伊庭村の人と思われる中村善九郎は、この二問が解けたことを喜び、算額を奉納したに違いない。

『日本教育史資料』によると、能登川地区には江戸時代末を中心に、二〇か村に三〇の寺子屋があった。そのうち一一か所の寺子屋で、算術が教えられていた。

庶民に対して地道に算術が教えられていた文化を持つこの地区に、高い水準の算術を志す人がいたことの貴重な例と言えよう。

四則計算の徹底を目指す子どもにも、また、より深く高度な算術に興味を持つ子どもにも対応できる教育力を、寺子屋は持っていたのである。

川島家の『算梯』という教科書も、そのような子どもたちのニーズに応えられるように編纂されている。ここで学ぶ子どもたちは、そろばんに熱中して計算力の向上に努めたり、【円周率】や【平方

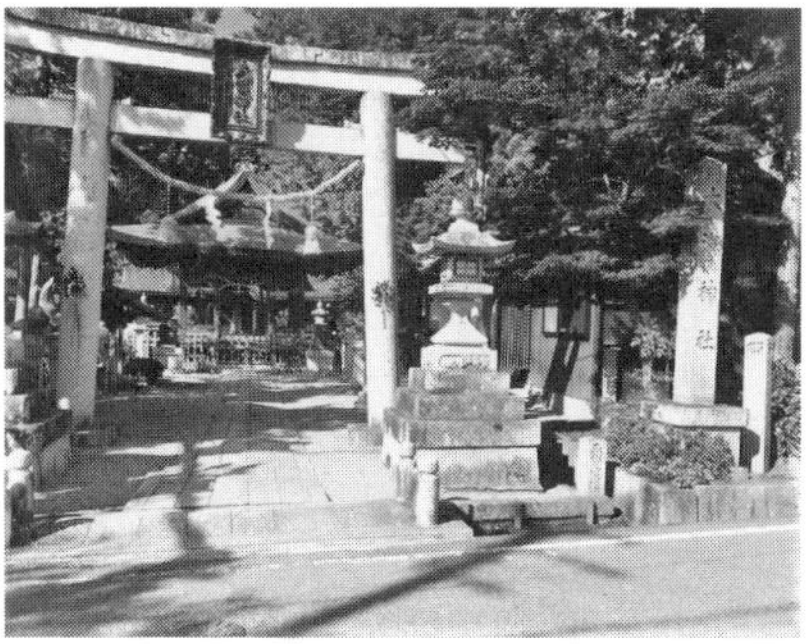

図28　大濱神社（東近江市伊庭町）

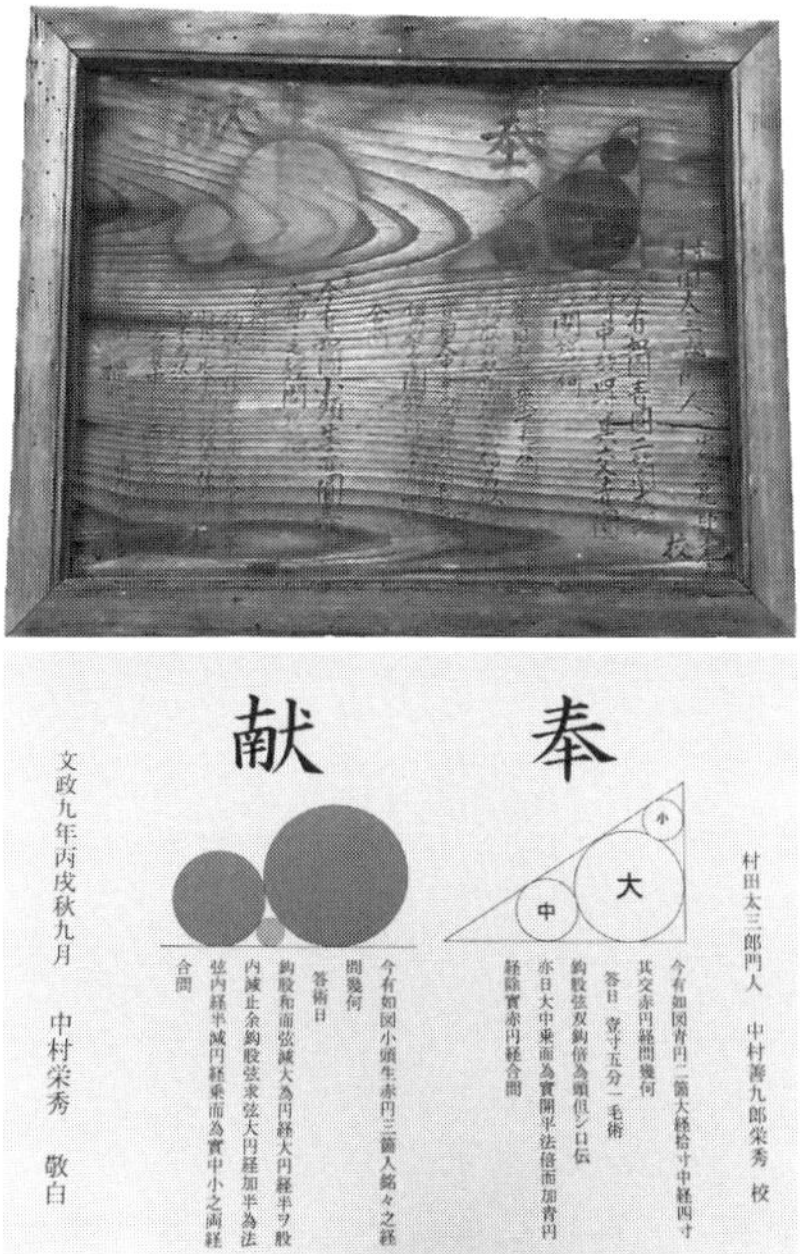

図29　大濱神社の算額（上）**と翻刻**（下）
（東近江市能登川博物館に寄託）

図30　伊庭大濱神社の坂下し祭
（東近江市観光協会提供）

根】を基準にした、さまざまな係数を記憶したりメモ帳に記載して、実際の土地の面積を推定するときにそなえたりしていたのではないか、と考えられる。算術を学ぶことは、商家に奉公しようとする子どもたちにとっては、大切な学習であった。

3　『商売往来』

『商売往来』や『百姓往来』などの、職業につながる往来物を、岡本金太郎や石川謙は、「実業類」として分類している（『近世民衆の手習いと往来物』梅村佳代著、参照）。

高橋敏氏の『江戸の教育力』には、上州原之郷村の九十九庵《つくもあん》という寺子屋に学ぶ、船津伊八という男子の寺子の手習いの実態が記されている。これによると、七歳で登山（入学）した伊八は足掛け七年で十のテキストを履修し、その後師匠は、『商売往来』や『百姓往来』を与えて将来の職業選択に資する学習をさせている（『江戸の教育力』「第一章　江戸時代の文字文化　2　村の寺子屋」）。

『商売往来』は、京都の寺子屋師匠堀流水軒（生没年不詳）が元禄七年（一六九四）に著したと言われる往来物で、「凡そ商売持ち扱う文字、員数」という書き出しで始まり、商売取引に必要な言葉、貨幣の種類、商売で取り扱う商品の名前を列挙し、最後に商人として身につけるべき技能や教養、さらには商人としての倫理について記されている。

これ一冊を手習いの手本として学習すると、商業活動に必要な必要最小限の知識を身につけられるというので、寺子屋師匠は商業を目指す寺子に学習させたものらしい。

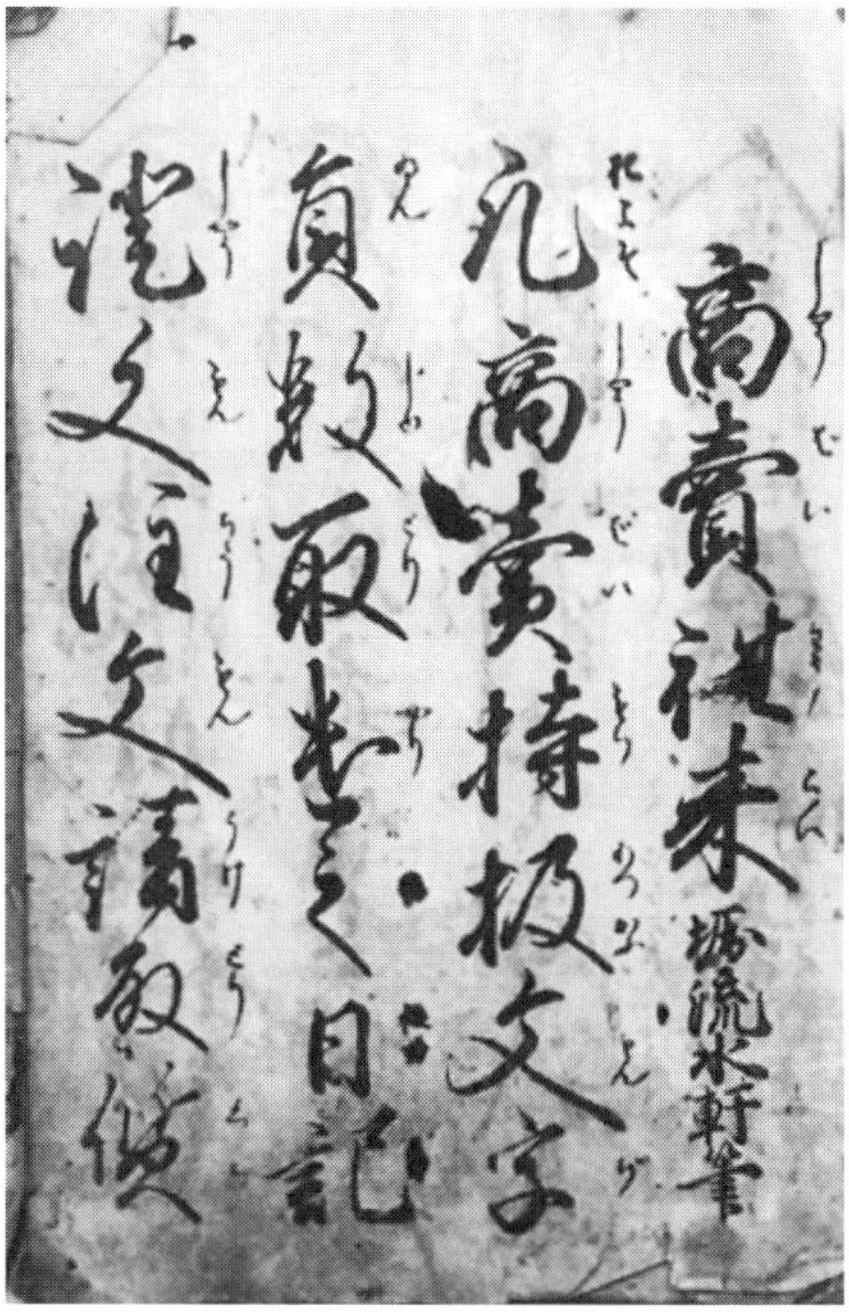
商賣往来　堀流水軒筆
凡商賣持扱文字
員数取遣之日記
證文注文請取質

図31　堀流水軒筆『商売往来』
（滋賀大学経済学部に寄託）

図32　二代目 塚本源三郎
（近江商人屋敷　八年庵蔵）

図33　塚本源三郎著『紅屋二媼』

「川島俊明家文書」の中には、七冊の『商売往来』（図31）が存在する。俊蔵の寺子屋では、商家に奉公するという目標を持った子どもたちが多く学んでいたと考えられるが、学習の最終段階では多くの子どもたちが、この『商売往来』を学んだはずである。

ところで、本節の「1　読み書きを教える」の項で触れた、塚本源三郎（図32）の『紅《べに》屋《や》二《に》媼《おう》』（図33）に、源三郎の伯母ゆきが『商売往来』を学んだとあった点について、少し詳しく考察しておきたい。

石川謙は文部省の『日本教育史資料』の分析を行っているが、その中で、女子の寺子を受け入れていた寺子屋の比率や、男子生徒に対する女子生徒の比率を、寺子屋経営者の身分と、全国を関東・奥羽・中部・近畿・中国・四国・九州とに分けた地方という要素との相関関係で分析し、女児を受け入れた寺子屋の比率も、男児に対する女児の比率も、経営者の身分よりも、地方によって差があり、女児の比率は関東と近畿が他の地方に比べて、格段に高いということを明らかにしている（『日本庶民教育史』第四編）。

第一章で五個荘の寺子屋を概観したときに述べたように、五個荘地域では女子の寺子の数が多く、川島俊蔵の寺子屋でも多くの女子生徒が学んでいた。

一般的な寺子屋での女子生徒の学習は、男子生徒と比較して学習期間、学習内容に差があった。先に紹介した高橋敏氏の『江戸の教育力』によると、上州の九十九庵に通う、なほという女子生徒の寺子屋生活は、九歳に登山（入学）し、「名頭字」、「村名」、「国名」の初級をマスターした後、下山《げざん》（卒業）する十四歳までに「年中行事」と「女今川」を履修したとあり、先に紹介した伊八という男子生徒に比べ、期間も短いが、学習内容もゆったりし、基礎を終えてからは、女性としての生き方や教養に関わる教材を学んでいた。

ゆきの寺子屋入りの年齢は書かれていないが、十四歳で寺子屋での学習を終えているので、学習期間は九十九庵のなほとよく似ていると考えられる。また、基礎的な手習いをした後、「女庭訓状」を授けられた点も、なほが「女今川」を履修したことと同じような学習をしていることになる。しかし、ゆきが『商売往来』を授けられて学んでいたという点は、九十九庵のなほと大きく違うところである。『商売往来』や『百姓往来』などの実業類の往来物は、九十九庵の伊八のように、寺子屋での学習の仕上げとして、卒業後に職業生活を営む男子生徒に授けられるのが通常であった。

図34　塚本さと　淡海女子実務学校を設立した。（近江商人博物館蔵）

女の子は、成人すれば結婚して子どもを産み、家事や育児を間違いなく行うために、幼少時に習い事をするという時代である。この点、女児ゆきが実業類の『商売往来』を学んだというのは、極めて稀なケースであろう。川島俊蔵の寺子屋では、女子にも実業類の教科書を授けている点に注目したい。

　このゆきは、嘉永四年（一八五一）、佐々木源氏の流れを汲む名家に嫁いだが二年後夫は他界し、夫の弟と再婚した。その後、傾く一方の婚家先を立て直すべく、艱難辛苦を重ねながら、醤油醸造の事業を始めたり、息子の起こした太物（絹織物を呉服と言うのに対し、綿織物・麻織物を太物と言う）の営業に協力したり、まさに事業の経営者として活躍するのである。ゆきの奮闘の陰には、塚本定次など兄弟の支援があったことは間違いのない事実であるが、幼い頃、俊蔵の寺子屋で男児とともに『商売往来』を学んだことも、当時としては「男勝りの」経営者としての、ゆきの支えになっていたに違いないと考える。

　ゆきの妹、さと（図34）もまた川島俊蔵の寺子屋で学んだことが、同じ『紅屋二媼』に記されているが、「さと女は九つの歳に川島数右衛門（俊蔵）の寺子屋入りをして手習を学び、十三四歳のころ

図35　設立当時の淡海女子実務学校（近江商人博物館蔵）

からお針に通うた」と、寺子屋での学習内容については、ゆきのように詳しくは書かれていない。また、『五個荘町史』第二巻ではさとのことを、「八歳から一五歳まで、南五個荘村大字川並にあった川島俊蔵の寺子屋で読書・習字・算術を習得、一五歳から二一歳まで家庭に於て、裁縫・生け花・茶道など女子手芸一般の修業に励んだ」と紹介している。

どちらの経歴にも『商売往来』の言葉はないが、『五個荘町史』においてさとが、商業を目指す者が必須としたであろう算術を学んでいることが述べられていることから類推すると、姉ゆきが学んだ『商売往来』を、さとも学んでいた可能性はある、と考えられる。

さとは晩年、商家の主婦は「台所の女中頭」であるのみならず、帳簿や商業学の知識を持たねばならないと確信し、近江商人の根拠地五個荘に女子教育機関が必要と考えていた。そこで、杉浦重剛や佐藤昌助（元、北海道帝国大学総長）、当時、女子教育界の第一人者であった下田歌子や嘉悦孝子などと相談して、大正八年（一九一九）さと七十七歳の年、私財を投じて「淡海《たんかい》女子実務学校」（図35）を創立している（『五個荘町史』第二巻「第3節　教育制度の充実」）。

そして、さとは淡海女子実務学校の時間割に、一般の高等女学校にはない、「商業」という科目を八時間組み込んでいる（「商家の妻を養成する—淡海女子実務学校成立の過程—」荒木康代著、参照）。

近江商人博物館所蔵の『淡海女子実務学校学則』（図36）の第一条には、「本校ハ女子ニ須要ナル高等普通教育ヲ施シ特ニ商業思想ノ涵養ニ力《つと》メ家庭ノ実務ニ習熟セシムルヲ以テ目的トス」とある。また、学科課程には、第一学年で〈商事要項〉〈家計簿記〉という内容の「商業」を週二時間、第二学年で〈商事要項〉〈商業簿記〉という内容の「商業」を週二時間、第三学年・第四学年にも、第二学年と同内容の「商業」を週二時間ずつ、四年間を通して、週八時間の「商業」学科を配している。

また、「大正八年二月設立認可　本校沿革紀要」（図37）に掲載されている大正十三年現在の在籍生徒家庭の職業（表5）は、第一学年が二三人中一七人（七三・九パーセント）、第二学年が三〇人中一九人（六三・三パーセント）、第三学年が二三人中一四人（六〇・九パーセント）、第四学年が一八人中九人（五〇・〇パーセント）が商業であった。全校生徒九四人中五九人（六二・八パーセント）の家庭が商業を営んでいる。生徒や保護者が、淡海女子実務学校の設立の趣旨を理解し、積極的に入学してきたものと考えられる。

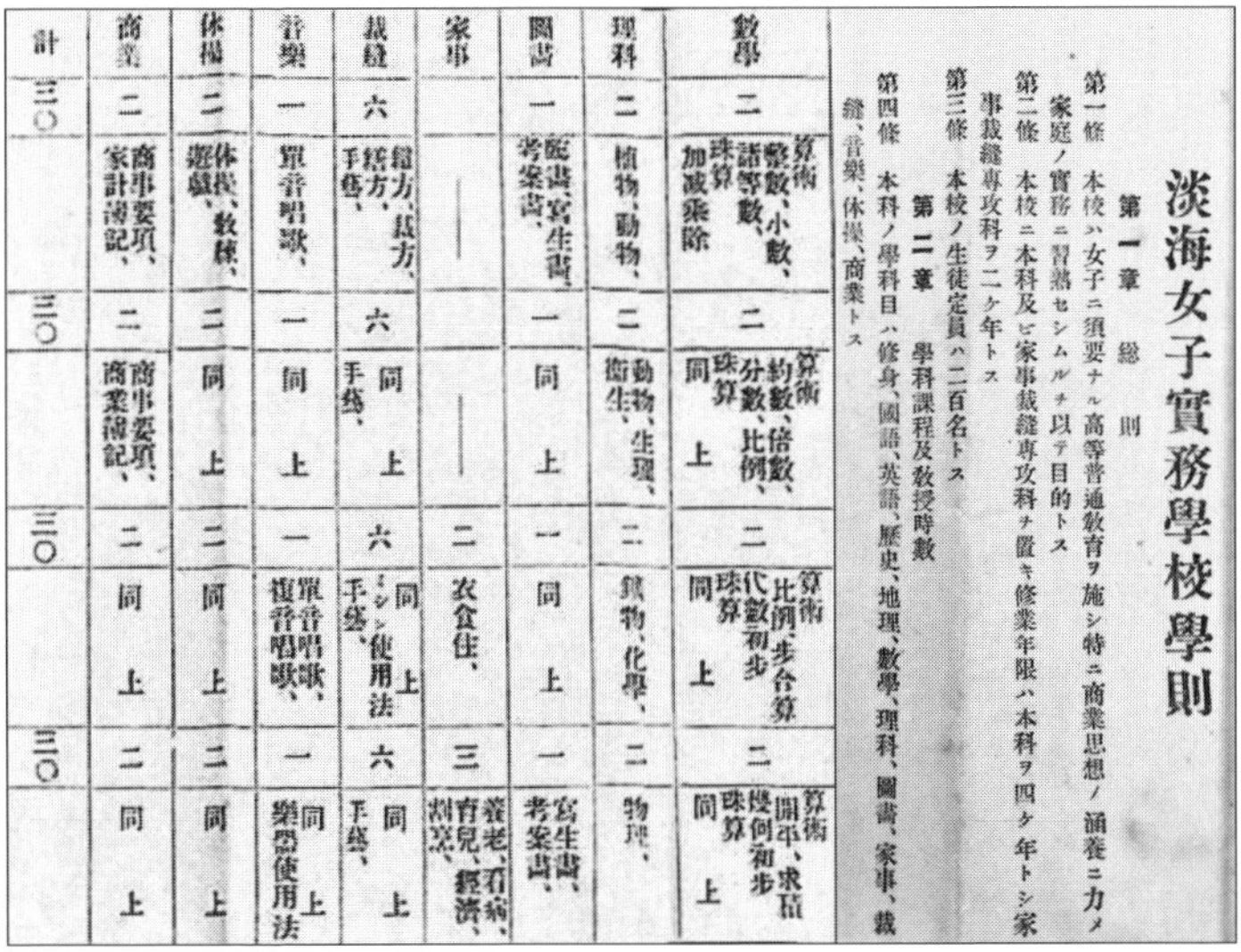

淡海女子實務學校學則

第一章　總則

第一條　本校ハ女子ニ須要ナル高等普通敎育ヲ施シ特ニ商業思想ノ涵養ニ力メ家庭ノ實務ニ習熟セシムルヲ以テ目的トス

第二條　本校ニ本科及ビ家事裁縫專攻科ヲ置キ修業年限ハ本科ヲ四ヶ年トシ家事裁縫專攻科ヲ二ヶ年トス

第三條　本校ノ生徒定員ハ二百名トス

第二章　學科課程及敎授時數

第四條　本科ノ學科目ハ修身、國語、英語、歴史、地理、數學、理科、圖畫、家事、裁縫、音樂、体操、商業トス

數學	二	算術 整數、小數、諸等數、珠算 加減乘除	二	算術 約數、倍數、分數、比例、珠算 同上	二	算術 比例、歩合算 代數初歩 珠算 同上	二	算術 開平、求積 幾何初歩 珠算 同上
理科	二	植物、動物、	二	動物、生理、衛生、	二	鑛物、化學、	二	物理、
圖畫	一	臨畫、寫生畫、考案畫、	一	同上	一	同上	一	寫生畫、考案畫、
家事		—		—	二	衣食住、	三	養老、看病、育兒、經濟、割烹、
裁縫	六	縫方、裁方、繕方、手藝、	六	同上 手藝、	六	同上 ミシン使用法 手藝、	六	同上 手藝、
音樂	一	單音唱歌、	一	同上	一	單音唱歌、複音唱歌、	一	同上 樂器使用法
体操	二	体操、教練、遊戯、	二	同上	二	同上	二	同上
商業	二	商事要項、家計簿記、	二	商事要項、商業簿記、	二	同上	二	同上
計	三〇		三〇		三〇		三〇	

図36　淡海女子実務学校学則（近江商人博物館蔵）

この「紀要」に、さとの履歴書が掲載されている。住所・氏名・生年月日に続き、履歴事項の冒頭に、「一、八歳ヨリ十五歳ニ至ル七年間川島俊蔵ニ就キ普通学修業」とある。さとの人格形成の基盤に、寺子屋教育があったことを物語っているように見える。

さらに同「紀要」には、「高等普通教育

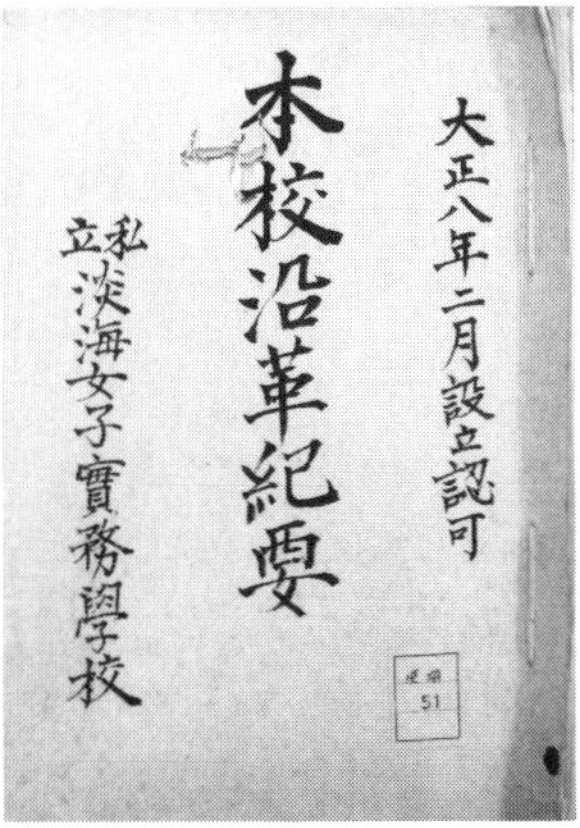

図37　「本校沿革紀要」表紙
（近江商人博物館蔵）

表5　生徒家庭職業別人数：大正13年度（「本校沿革紀要」より）

学　年	商業	工業	農業	会社員	教員	官公吏	僧侶	無職	計
第1学年	17	1	3			1		1	23
第2学年	19	2	4		2	1	2		30
第3学年	14		3	3	2			1	23
第4学年	9		3	1			3	2	18
計	59	3	13	4	4	2	5	4	94

図38　大正11年度の庭球選手（近江商人博物館蔵）

日本テニス協会のホームページ「日本テニスの年表」によると、大正11年に日本庭球協会（現、日本テニス協会）創立、同年、全日本選手権（男子）開始、大正13年に全日本選手権（女子）開始とあり、淡海女子実務学校が庭球競技を取り入れた時期は、全国的に見ても早期であったと言える。

ヲ授クルト共ニ特ニ商業思想ヲ涵養シ家庭ノ実務を習熟セシメ時代ニ適スル堅実ナル商家の主婦ヲ養成スル」、という教育方針が記されている。ここに、大正十一年に撮られた一枚の写真（図38）があるが、庭球を学ぶことも、「時代ニ適スル」女性の在り方の一つであったのであろう。

川島俊蔵の寺子屋では、女子の寺子にも読み書きのテキストの延長上に、一般には男子にしか与えられていなかった『商売往来』が授けられていて、塚本さとの学校創立の動機に、そのような寺子屋で学んだ経験が生きていたとすると、この寺子屋は、近江商人のみでなく、商人を支える妻を育成し、そのような女性教育に大きな影響を与えたことになる。

三　近江商人の心を育てる

1　『寺子教訓掟書』

滋賀大学経済学部附属史料館に寄託されている川島家の文書を閲覧していて、興味を惹かれる文書が見つかった。手書きの『寺子教訓掟書』という文書である。

この文書の文末に「天保八年」の年号があり、この時期の師匠であった俊蔵の手によるものと考えて間違いない。きれいに保存されているが、表紙に何か所か墨のシミがついているので、おそらく寺子たちがこの文書を手本に、手習いをしながらその内容を学んでいたのではないかと思われる。

2 『寺子教訓書』とは

一般的に、『寺子教訓書』という往来物は、今日の学校が持っている「教育方針」や「児童・生徒心得」のようなもので、寺子屋で学ぶ子どもたちの心得や行動の戒めを記している。川島家の『寺子教訓掟書』は、後に詳しく述べるが、この『寺子教訓書』を俊蔵がアレンジして、子どもたちに貸し与えたり読み聞かせたりしたものと考えられる。

前掲『江戸の教育力』（高橋敏著、ちくま新書）には、上州の寺子屋九十九庵に七歳で入門した船津伊八の使用したテキストを分析し、伊八などこの寺子屋の寺子が学んだカリキュラムが再現されている。

これによるとこの寺子屋では、まず初級者には「名頭《ながしら》」（人名の第一文字を集めた手本）、「村尽《むらづくし》」（村名集）、「国尽《くにづくし》」（国名集）などの熟語類を与え、文字を書き写させながら名前を覚えさせている。次に中級になると「年中行事」や「借用証文」など生活に関わる往来物を与え、同時にこの中級の子どもの守るべき教訓を内容とする「寺子教訓往来」が教材になっていた。中級では、師匠は言葉を覚えるだけでなく、思考力や判断力を養うテキストを工夫しながら与えているように見える。

足掛け六年学び、いよいよ十二歳になると、時勢や本人の志向を見ながら、『商売往来』や『百姓往来』などの実業類のテキストが与えられていたことは、すでに触れたとおりである。

今、注目している川島家の『寺子教訓掟書』は、岡村金太郎の往来物の分類では「訓育類」に位置づけられる。

「訓育類」の往来物として広く用いられたのは、『実語教』『童子教』『初登山手習教訓』『寺子教訓書』などいくつかある。

『実語教』は平安末期ないし鎌倉初期から伝わる教訓書で、仏教、儒教の経典から言葉を選んでいる。「山高故不貴　以有樹為貴　人肥故不貴　以有智為貴」で始まり、智は財物よりも大切な宝であることを教えている。

『童子教』は鎌倉末期から伝わる教訓書である。「師者三世契　祖者一世眤　弟子去七尺　師影不可踏」「父恩者高山　須弥山尚下　母徳者深海　滄溟海還浅」という五言を連ね、仏教、儒教の経典などから言葉を選び、行儀作法、言行の戒め、子弟の在り方、父母への孝養などの教訓を教えている。

『初登山手習教訓』は、成立年代不明であるが、初めて寺子屋に入り書を学ぶ者の心得を、武士の戦にたとえ、「初心の児童は、登山（寺子屋に入る）するのは武士が戦場に向かうのと同じように考え、師匠は戦の大将軍、硯や墨、紙は武士の武具の類、卓机は城郭、筆は太刀や長刀と思え」、と教えている。

寺子屋の起源は中世の寺院教育にあったと言われている。武士の子弟が寺に登り（登山）、僧侶からさまざまな知識や技術を学んだときの名残が、この往来物に残っているのであろう。

3　『寺子教訓書』のルーツ

書筆の道は人間教育の根元

同志社大学沖田行司教授は、その著『日本人を作った教育』（大巧社）において、「寺子屋・藩校・私塾」といったわが国の前近代における教育を検証し、二十一世紀の教育の在り方を模索している。その著書の「寺小屋から寺子屋へ」という項目において、「文献上で「寺子屋」という名称が初めて出てくるのは大坂の書肆が元禄八年に刊行した笹山梅庵《ささやまばいあん》著『寺子制誨之《せいかいの》式目《しきもく》』であるとされている」と述べている。この『寺子制誨之式目』を詳しく読んでいくと、これから考察していく何種類かの『寺子教訓書』の元になったであろうと考えられる。

この『寺子制誨之式目』（以下、『式目』と言う）の冒頭、梅庵は「人と生《うまれ》て物かかざるハ人に非ズ」と書き始めている。後世の何種類かの『寺子教訓書』では、ほぼ共通して「抑書筆之道者人間達萬用之根元也」（そもそも書道を学ぶことは、人間としてのあらゆる資質を備える元となる）という文から始まっている。書道の効用の積極性を表現していて、梅庵の表現とは異なるが、いずれも書を学ぶことが人間教育の元であるということを述べているに違いない。

また梅庵はこの『式目』の中で、寺子屋での「居眠　鼻を啜　紙を嚙　筆之管を嗹」などの無作法、「闘諍　相撲　腕押　臑押　枕引」などの悪戯、「雑言　放言　高咄　不問語《とわずがたり》　告口　差出口　根問《ねどい》　陰言　詞咎《ことばとがめ》」などの言葉の不作法を厳しく戒めているが、この後説明するいくつかの『寺子教訓書』

は、すべて梅庵のこれらの言葉を引用して戒めている。

一方、梅庵は、この書の中で「人人人人人　人人人人人」と、人という文字を二行にわたり十回書いて、「人ノ人タル人ハ人ヲ人トス　人ノ人タラザル人ハ人ヲ人トセズ」と読ませている。この『式目』全体は、寺子への事細かな戒めが記されているのであるが、この部分は優れた人間でなければ優れた人は育てられないと、教師に対する戒めをしているようで、たいへん面白く興味深い。

広島県三次市立図書館の「往来本」デジタルアーカイブには、京都の寺子屋師匠・堀流水軒[注]（生没年不詳）が宝永二年（一七〇五）に著した『寺子教訓書』（〔大坂〕岩国屋徳兵衛開板、吉文字屋市兵衛再板。以下、「流水軒版」と言う）が公開されている。

また、広島大学図書館教科書コレクション画像データベースに掲載されている、宝永二年（一七〇五）大坂書林、以光屋市兵衛版の『初登山手習教訓』の付録のようにして掲載されている『寺子教訓書』がある（作者不詳。以下、「以光屋版」と言う）。これらの「教訓書」は、版（板）は違うが全く同様の内容であり、全文が漢文で書かれ、返り点とふり仮名が打たれている。一方、教科書出版を戦前から行っている東京書籍には、江戸時代の寺子屋の往来物や、明治以降の教科書を収集した「東書文庫」という教科書の図書館があり、十五万点以上の蔵書や資料の中に「流水軒版」と全く同じ内容の、中川樵夫書、墨屋吉兵衛出版の『新版寺子教訓書』が存在する。

これら江戸時代前半の『寺子教訓書』に対し、江戸時代後期のものとしては、信州大学所有の『天保二年（一八三二）東都森屋治兵衛版』（以下、「森屋版」と言う）や、東京学芸大学所有の年代不詳ながら、「森屋版」とほぼ内容が同じものである『東都書肆山口屋藤兵衛版』（以下、「山口屋版」と言う）などがある。この時期のものは、漢文読み下し調に送り仮名が書かれ、漢字にはすべてふり仮名が打たれている。

［注］ 堀流水軒という人物は生没年不詳であるが、石川松太郎によれば「笹山梅庵と同じく京都の手習い師匠」であると言う（『往来物の成立と展開』）。また、先に触れたように『商売往来』を元禄七年（一六九四）に著したことでも知られている。

4　江戸時代前期版と後期版の違い

『寺子教訓書』は、宝永年間（江戸時代前期）の「流水軒版」や「以光屋版」と天保年間（江戸時代後期）の「森屋版」の内容を比較してみると、それらのあいだに明らかな違いがある。

記述が平易かつ詳細に

まず、「流水軒版」は全文漢文体で書かれ返り点が打たれているが、「森屋版」は仮名交じりの漢文読み下しになり、表現が平易になっている。

次に「森屋版」の文全体は「流水軒版」等をもとにしてはいるが、より具体的な記述が付け加えられている。たとえば「流水軒版」では、―寺子屋に行くとき父母に挨拶せよ―と述べた後すぐに「先向机摺墨静心調心」、つまり、〈まず、机に向かって墨を摺りながら、心を静め、心を調えよ〉とのみ書かれてあるところ、「森屋版」では、「稽古所へ入　師匠に向ひ手をつき　機嫌を伺ひ　唯今参候由可申述　宿にて用事等ありて遅参致し候節ハ其旨断可申　夫より兄弟子等へ挨拶有べし　其上にて机を直し座を構墨をすりこころを鎮めて氣を調へ」〈稽古所へ入ったならば、師匠に向かって手をついて《先生ご機嫌は如何ですか、ただ今参りました》と申し述べ、もしも家に用事があって遅刻をしたならばその理由を申し述べること、それから兄弟子たちに挨拶をすること、それが済んでから机を自分用に備え自席をつくり、墨をすり、こころを鎮めて気を調えること〉と、師匠や兄弟子への礼儀や心構えについて、たいへん詳しく述べている。

前期版になかった記述

一方、「流水軒版」には全く書かれていないことが「森屋版」に書かれている箇所もある。「抑手跡は我一生の寶のミならず筆跡永代其家に残り能書ハ其胤を譲りて自然と子孫に伝り猶師の恩徳末代に輝く事誠以難有次第也　且初学よりの師をはなれ他国遠国へ転居するとも寒暑に訪ひ申べし　亦外の師へ入門致候とも先師を譏り申間敷其身やうやう筆法をおぼへ　少しばかりもの書く事のいたし　よく思ふにつけ　始てならふいろはのかきにくきをおもえば師匠の丹精いかばかりぞや」〈そもそも習字を習って身につけたものはその人の一生の宝物にとどまらない。書いたものはその家に永代にわたって残り、字を上手く書く技量は受け継がれ、自然に子孫に伝わり、師匠から受けたご恩は末代に及び輝くこと誠に有難いことである。また初めて手習いを学んだ師匠のもとを離れて、他の国遠い国に転居しても、正月や盆などに師匠のもとを訪れて挨拶をするようにせよ。また他の師匠に入門しても元の師匠の悪口を言ってはいけない。自分がようやく筆法を覚えて少しばかりものを書くことができるようになって、そのことをよくよく思うにつけ、初めて習ったときにいろはの文字は書きにくかったことを思えば、師匠の丹精こめた指導はどれほどだっただろうか〉と細かな例を挙げながら、師匠の恩を忘れないように教えている。

時代背景

「流水軒版」が出版されたのが宝永二年（一七〇五）、「森屋版」が出版されたのが天保二年（一八三一）である。

この一二六年の間に、寺子屋の事情は大きく様変わりしている。

文部省の『日本教育史資料』に掲載されている中で、滋賀県だけの寺子屋四四六校の開業年代を見ると、十六〜十八世紀の間には二一校、十九世紀前半に一七三校、十九世紀後半に一八六校と、十九世紀に急激に増加している。このことは全国的にも確認されていて、前掲の著で梅村佳代氏は、「十九世紀以後を『教育爆発』の時期ととらえ、文字学習の普及が著しく、学習熱は近代以後の学校教育の創設と進展を促す起爆力となり」と述べ、この時期の爆発的な増加は、明治以降のわが国の学校教育の進展につながったと述べている。

寺子屋が急激に増えるということは、教育に対するニーズが高まったということを反映していることは間違いない。一方で寺子の数が急速に増加することにより、教授内容をより具体的で分かりやすく示す必要性があったと考える。師匠や兄弟子への礼儀作法を、まるで手取り足取り教えるように事細かに示しているのは、このような事情があるのであろう。

また、このように寺子屋が急増してくると、寺子たちはいくつかの寺子屋の中から、自分の学ぶ寺子屋を選択できるようになったに違いない。寺子屋師匠にすれば競争が激化したことになる。五個荘の時習斎は、京都や湖北地方など五個荘地域以外の寺子を集め、子どもたちばかりでなく大人の文化サロンとなって、言わば「寺子屋の名門」であったが、この時習斎ですらが、十九世紀に入り文政期以後、五個荘町域に次々と寺子屋が開業し、北庄村以外からの寺子は減少してきたことが、柴田純氏の研究から明らかになったことはすでに触れた。「初学よりの師」の恩を忘れず、間違っても「先師」を誇ることのないよう戒めているのは、このような事情が反映しているものではないかと考える。

5　俊蔵の『寺子教訓掟書』

時習斎の『寺子教訓書』

さて、先にも述べた五個荘地区で元禄九年（一六九六）に開業した時習斎の資料を、東近江市立近江商人博物館で閲覧した。

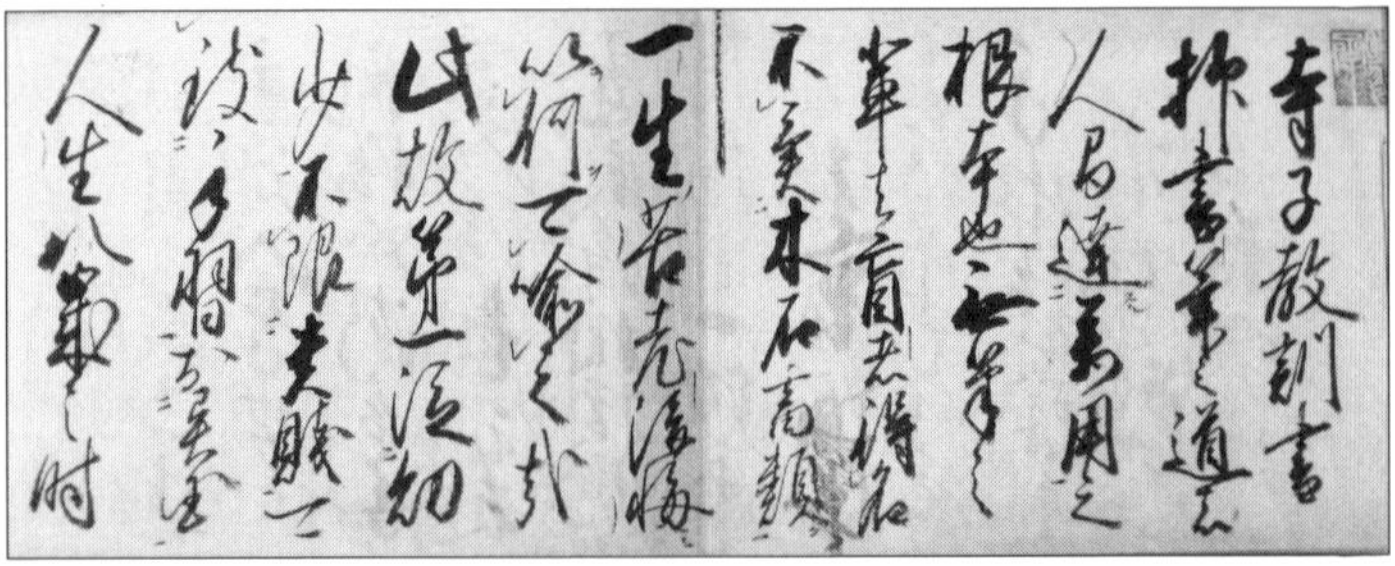

▲図39
時習斎『寺子教訓書』
江戸前期の出版物『寺子教訓書』をほぼ写し取っている。
（近江商人博物館蔵）

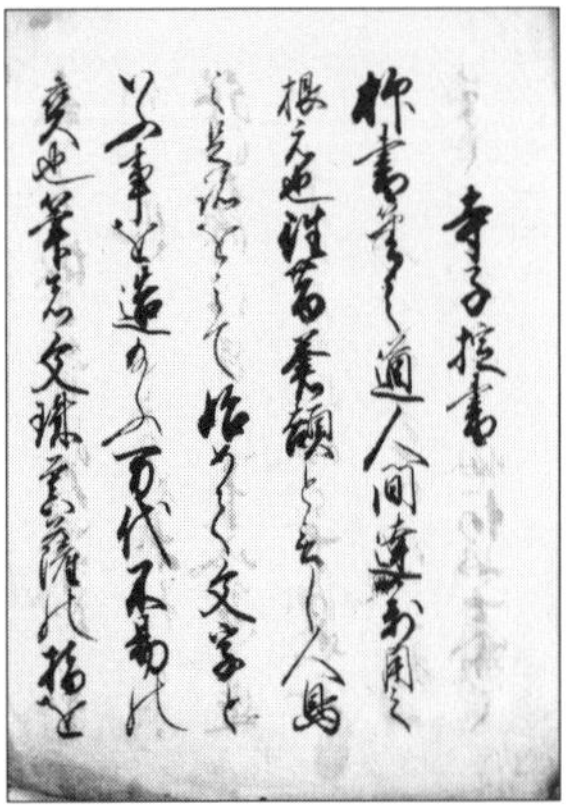

◀
図40
『寺子教訓掟書』
俊蔵手作りの教訓書の冒頭部分。
（滋賀大学経済学部に寄託）

この時習斎にも手書きの『寺子教訓書』（図39）があった。作成の日付は「正月十四日」とあるが年号が記載されていない。しかし全文が漢文で書かれ、内容的には「流水軒版」「以光屋版」とほとんど違わないので、この時習斎の『寺子教訓書』は、「流水軒版」またはこれと同時代（宝永年間前後）に作成された出版物を、かなり正確に書き写したものと考える。

川島家の手本は「流水軒版」

一方、川島家の『寺子教訓掟書』（図40）は、これまで見てきた「流水軒版」「森屋版」、また時習斎の『寺子教訓書』などと比べると、他の「教訓」には見られない記述が、ふんだんに盛り込まれている。

川島家の『寺子教訓掟書』に独自の記述が多いと言っても、その手本とした出版物はあった。川島俊蔵は江戸時代末期の人であるが、手本としては、「流水軒版」またはそれと同時代の江戸時代前半のものを用いているに違いないと考える。冒頭の記述部分など、いくつかの記述の仕方の比較をしてみた（以下の傍線部）。

まず冒頭部分であるが、「流水軒版」では「抑書筆之道者人間達萬用之根元也」とある。一方「森屋版」では、「抑筆学は人間万用を達す根元也」とある。「流水軒版」など江戸時代前期の出版本を手本としたと考えられる時習斎本は、「抑書筆之道者人間達萬用之根本也」とあり、川島家本も「抑書筆之道人間達萬用之根元也」とある。「筆学」ではなく「書筆之道」とあり、また「流水軒版」とほぼ同じ、送り仮名のない漢文になっている。

さらに「流水軒版」には、「此故第一従幼少不限貴賤　手習事宜哉　於異国人生八歳之時初而入小学門」という記述があるが、「森屋版」では、「此故第一幼少の時より貴賤に限らず手習を励べき事宜る哉　唐土にては人生れ八歳にしてはじめて小学の門に入る」とある。川島家本では、「此故に第一従幼少之時貴賤に不限　手習之事宜哉　於異國人生而八歳より入小学問」とあり、「唐土」ではなく「異國」と記述し、「流水軒版」をほぼ正確に、送り仮名をつけた読み下した文になっている。

これらのことから、俊蔵は「流水軒版」等、江戸前半の『寺子教訓書』を手本にしたものと考えたい。

6　俊蔵独自の記述

基本的に川島家本は「流水軒版」をモデルにしていることはほぼ間違いないが、川島家独自の記述が、かなり多く見られる。以下、それを示す。

俊蔵の『寺子教訓掟書』（全文）

太字＝俊蔵本独自内容（俊蔵独自の文章・『童子教』の引用・初登山教訓書の引用）
細字＝流水軒版とほぼ同様の内容

寺子掟書

抑書筆之道人間達萬用之根元也
往昔蒼頡と云し人鳥之足跡をして始めて文字といふ事を造なふ　万代不易の寶也　筆者文殊菩薩の指を

表せり　故に管の尺四寸貳歩筆
行は爪をかたとる也　我朝にてハ
弘法大師伊呂波四十八字を造
給ふ　先手習の始めとする也

無筆之輩ハ不異木石畜類　一
生之苦　老後之悔何以可喩之
哉　此故に第一従幼少之時貴賤に
不限　手習之事宜哉　於異國
人生而八歳より入小学問我朝
も是に等し　手習い入学世之
風俗也　漸童子寺入之後者
長敷成友達闘諍相撲捥押
枕挽一切悪敷戯事随分可相慎
先早天に朝起し　手水仕結髪
赴手習所時者父母に対し両
手を突　一礼し　又帰宅之節
同事たるべし　扨卓に向　摺

墨静心調氣　相弟子之交　不
働無　礼慇懃而師家式法之趣
不相背稽古致し　人写十字
学百字　手本之字形　清書之直
能々相考　筆出不遅不速廻　鍛
錬工夫習受へし

一日に一字を学べは三百六十字
といふは一点にて数多の文字に通達
する故也　師に打るる杖の下より
心をあらため　少も無油断諍
而習励へし　師匠は三世の契と
いへハ假初にも師の影を七尺去
て踏へからすと云り　増て年
月深き恩を受て恩を不知
者ハ木石にひとしき也

無精成ものハ坐眠啞筆曾双紙
を引さき或は高噺大笑手足

壁障子抔へ墨を付　度々立居
好湯茶　不問語差出口し根問
陰言其外虚言　以謀計掩　我身
之悪　却而友達を欺　師之掟不
用兄弟子之指図
野遊河狩等を好ミ彼方此方之田畑を
阿らし　不憚佛神　気随我儘のミ**一文**
も不学　父母の介抱を忘るる
輩ハ冥加を知らざる故也　第一
親〻へ孝行を尽し仁義礼智信
の五常を知らさんがため也　此趣
を思さる輩ハ誠登宝之山空
如不得金玉　有心童へ者省身
可恐事也　惣而筆墨紙等
放埒に致さす白紙反古迄も無
麁抹可意得　常々硯箱等奇麗
に取置　往来之道筋不走不狂

神妙たるべし　従若年之行悪
けれハ成人之後人柄相顕の間
能々可相嗜　若又於筆学林
疎学不精之輩者其身計之作恥辱
泥師匠父母之名也　唯
一日片時も懈怠なく尽氣根
嗜行儀可求世之誉身之徳也
師家之教訓掟書仍如件

天保八丁酉年重陽写之川嶋（島）氏

「森屋版」も「流水軒版」の記述をベースにしながら、「流水軒版」発行から一二六年を経て作成され、寺子屋の爆発的増加という時代背景を反映し、寺子の心構えを具体的に加筆したり、複数の師匠に学ぶ者の心得という、「流水軒版」には全く見られなかった記述が出てきたことは前に述べた。

このうち「森屋版」について、（1）「流水軒版」の内容をほぼ正確に書き写している箇所と、（2）「流水軒版」の記述に具体例を挙げるような加筆をしている箇所、（3）「流水軒版」には全くない記述の箇所の文字数を調べてみた。（1）は七二二文字、（2）は一七三文字、（3）は一七一文字で、

（2）と（3）を合計した「流水軒版」にはなかった記述の文字数の全体に対する比率は三二・三パーセントであった。

一方、川島家本の場合は、（1）「流水軒版」の内容をほぼ正確に書き写している箇所と、（2）師匠（俊蔵）の識見、他の往来物の引用など「流水軒版」に全く書かれていない箇所の二つに分けて文字数を数えてみると、（1）は四五三文字、（2）は三二〇文字で、全体の中の比率は四一・四パーセントであった。ほぼ同時期に書かれた「森屋版」と比べて、はるかに川島家独自の記述が多いことが分かる。

また、この「流水軒版」に見られない川島家本の記述は、「森屋版」にも見られない川島家独自のものである。

では次に、川島家本の独自記述の内容を詳しく見ていきたい。

冒頭に「抑書筆之道人間達萬用之根元也」〈そもそも書道を学ぶことは、人間としてのあらゆる資質を備える元となる〉と「流水軒版」を忠実に書き写したあと、漢字や筆、仮名についての俊蔵の識見が披露されている。

漢字のルーツ

「往昔蒼頡と云し人　鳥之足跡をして始めて文字と　いふ事を造なふ　万代不易の　寶也」とある。

「その昔、蒼頡《そうけつ》という人物が鳥の足跡を見て文字というものを発明した。これは今日まで、そして未来においても評価が変わることのない宝だ」という意味であろう。

　中国太古の五帝の最初に黄帝が登場するが、蒼頡（図41）という人物はその黄帝に仕えて記録を担当した役人（左史）であり、眼が四つあったと伝えられる。鳥や動物の足跡を観察すると、足跡を見ただけでその姿を思い浮かべることができるということから、文字を考案したというものである。

図41　倉(蒼)頡肖像
(『歴代君臣図像』２巻、(明)周進隆他。国立国会図書館蔵)

眼が四つあるというのは、観察力が超人的であったという誇張であろう。

　大修館の『大漢和辞典』の蒼頡の項には、「黄帝の臣。鳥跡を見て文字を創作したといふ」とあり、「昔者蒼頡作書、而天雨粟、鬼夜哭、伯益作井、而龍登玄雲、神棲崑崙」という『淮《え》南子《なんじ》』の一説が紹介されている。「その昔、蒼頡が書（文字）を作った。すると天は粟を雨のように降らせ、夜鬼が哭《な》いた。伯益が井戸を掘った。すると龍が黒雲に乗って登り、神は崑崙に棲むようになった」という意味であろうか。

　『淮南子』という書物は、淮南国王であった漢高祖劉邦の孫の劉安（前一七九〜前一二二）が、文化人を集めて作らせた古代中国の百科全書である。文字が発明されたということは、中国の歴史の進展から見て重要なことであるが、「無為自然」に価値を置く老荘思想の影響を強く受けて書かれている『淮南子』では、文字が作られたり、井戸が掘られたりすることが、悲しい出来事のように書かれているのはたいへん興味深い。

武田雅哉氏はその著『蒼頡たちの宴』の中で、このような『淮南子』の記述なども踏まえ、「蒼頡なるものは、中国人の、言語、特に漢字に向けられた、複雑に交錯する愛憎が焦点を結ぶ位置に置かれた根源的なものの擬人化であるといってよいだろう」と述べている。私たちは、長い時間をかけながら大勢の人の英知を集めて推進し、中国文明や東アジア地域の歴史の発展に寄与し、漢字の発明という事業と人々の努力を擬人化した人こそ、蒼頡であると考えておきたい。

蒼頡について触れている往来物としては笹山梅庵の『筆道稽古早學問』があり、そこには「文字は呉村の蒼頡初めて之を造る」と書かれている。しかし、私の見た川島家の『寺子教訓掟書』以外の『寺子教訓書』には、蒼頡には触れられていない。

漢字には、その成り立ちや使い方で六書（象形・指示・形声・会意・転注・仮借）という分類がある。俊蔵は、漢字を習い始めた寺子たちが、漢字というものを理解しやすい「象形」（漢字は物の形から生まれた）の説明をするための適切な例として、「鳥の足跡から漢字を考えた」という蒼頡の逸話を紹介したものではないかと思う。

筆のいわれ

漢字の記述の次に、「筆者《は》文殊菩薩の指を　表せり　故に管の尺四寸貳歩筆行は爪をかたどる也」とある。「筆は文殊菩薩の指を表している。したがって管の長さは四寸二分、筆の先は爪をかたどっている」という意味であろう。

「三人寄れば文殊の智慧」の諺に見られる文殊菩薩（図42）は、実在した釈迦の弟子である。『維摩経』という仏典には、「問答では維摩居士にかなう者がいなかったが、病気になった維摩居士を釈迦の代理で見舞った文殊菩薩は、維摩居士と対等に問答を行った」という場面が描かれており、たいへん智慧のある仏弟子であったことが伝えられる。

また、釈迦三尊の仏像や仏画で文殊菩薩は、釈尊から見て左脇に侍し、獅子の背中の蓮華座に結跏趺坐して乗り、右手に智慧を象徴する宝剣、左手に経典をのせた青蓮華を持つ姿で表現されている。このような姿の文殊菩薩は、古くから「智慧の仏様」として信仰されている。

次に「管の尺四寸二分」の長さについてであるが、江戸時代の寸法の単位には、曲尺《かねじゃく》と鯨尺《くじらじゃく》の二通りがあった。曲尺の一寸は三・〇三センチメートル、鯨尺の一寸は三・七九センチメートルであるので、四寸二分を曲尺でいうと一二・七センチメートル、鯨尺でいうと一五・九センチメートルということになる。曲尺では短かすぎるので、鯨尺の長さということになると思われる。

ところで現代の筆のサイズは、軸の外径（軸の太さ）で分類する方法と、穂（毛先）の長さで分類する方法があり、軸の長さは分類の基準にはなっていないようである。

なお、先に触れた笹山梅庵の『筆道稽古早學問』の中に「諸流筆形図」という項があり、「柳葉、鶏爪、大師、御家、近衛、光悦」という古来の各流派の筆を分類して図解している。この中で俊蔵の学んだ「御家流」の筆の図には、「毛中分にしてのぎ先に少ふくら有和鹿夏毛を用」と説明している。「毛の長さは中ぐらいで、筆の先端のところに少し丸みがある、和鹿の夏毛を用いている」という意味であろう。ここにも軸の長さに関する記述はなかった。

図42　文殊菩薩（乾徳寺蔵）

俊蔵のこの記述は、筆を「智慧の仏」である文殊菩薩の指に喩え、ともすれば、軸を嚙むなど筆を粗末に扱いがちな子どもたちを戒め、かつ大切に扱うことにより文殊菩薩から智慧の恩恵を授かり、手習いが上達すると教えたものに違いない。

「筆が文殊菩薩の指」という説明は俊蔵オリジナルのものなのか、何かの文献からの引用なのか分からないが、このような説明には、それなりに説得力があるように思える。

剣道を学ぶ子どもたちは、今日でも「竹刀は武士の魂である」と教えられ、しっかり手入れを行うなど丁寧に扱うのはもちろんのこと、間違っても床に置いてある他人の竹刀を跨いだりすることのないようしつけられている。乱雑に扱われ、ささくれ立った竹刀で相手をけがさせることなどないよう、丁寧な扱いに心がけていくことが剣道上達の道だと教えられるのであるが、俊蔵の教えにも、この剣道の教えに通ずるものがあるのではないか。

仮名のルーツ

筆のいわれについての記事に引き続き、「我朝にてハ　弘法大師伊呂波四十八字を造給ふ　先手習の始めとする也」という記述がある。「わが国では弘法大師がいろは四十八字をお作りになったが、このことにより手習いが始まったのである」という意味であろう。

「いろは歌」は平安末期に盛んに詠まれた今様形式で、すべての文字を重複せずに用いた歌である。漢字を用いて今様の歌謡風にあらわすと、次のようになる。

①色は匂へど　散りぬるを　②わが世誰ぞ　常ならむ
③有為の奥山　今日越えて　④浅き夢見し　酔ひもせず

また、この歌の第一句①は涅槃経の偈「諸行無常」、第二句②は「是生滅法」、第三句③は「生滅滅已」、第四句④は「寂滅為楽」の意味を踏まえたものであるという解釈もある。「いろは歌」を今様の歌謡と考えると、第二句のみが十一文字で、歌全体に用いられた仮名は四十七文字である。これにこの歌で詠み切れなかった「ん」という文字を加えて、俊蔵の書いたように「伊呂波四十八字」と言われている。

「いろは歌」は「弘法大師（空海）作」という考えは広く伝えられているが、今様の流行した時期が平安末期であり、空海の活躍した平安前期とは時間的ずれがある。

筑波大学名誉教授小松英雄氏は、その著『いろはうた―日本語史へのいざない』の中で、「（伊呂波が）空海作という俗信の由来」を、

1　書道の面で言えば、空海は嵯峨天皇および橘逸勢とともに三筆の一人である。
2　仏教的な悟りの境地を暗示する内容で、空海のような高僧の作に間違いない。
3　極端な用字上の制約のもとに、これほどすぐれた内容を巧みによみこめる天才は空海以外に考えにくい。

という三点にまとめている。そして「いろは歌」の最も古い姿が、承暦三年（一〇七九）の日付のある『金光明最勝王経音義』の写本に見え、空海がこの経典の系統の研究における絶対的な権威者であ

ると目されていたことも、空海作と考えられる条件になっていると述べている。

俊蔵はこの記述について教えながら、「いろは文字は弘法大師というえらいお坊さんが作られた文字だ。また弘法大師は書道の大家だった。だからこの文字を一生懸命学べば、大師様のお蔭で手習いの腕が上がるよ」、と言い聞かせていたのではないだろうか。

俊蔵が冒頭に、「抑書筆之道人間達萬用之根元也」と述べ、次に他の教訓書と同様に、「無筆は一生の悔い」と書を学ぶことの意義を諭す前に、他の『寺子教訓書』には見られない、漢字が生まれた経緯、筆のいわれ、「いろは歌」の誕生などについて教えることが、寺子たちの理解に効果的であると考えたに違いない。

「仏神」「五常」の記述

川島家の『寺子教訓掟書』の後半に、次のような記述がある（図43）。

野遊河狩等を好ミ彼方此方之田畑を阿らし　不憚佛神　気随我儘のミ一文も不学　父母の介抱を忘るる輩ハ冥加を知らざる故也　第一親、（両親のこと）へ孝行を尽し仁義礼智信の五常を知らさんがため也　（カッコ書きは筆者）

「野原で遊んだり河で魚を獲るなどのことを好み、あちこちの田畑を荒らし、仏や神もはばからず、

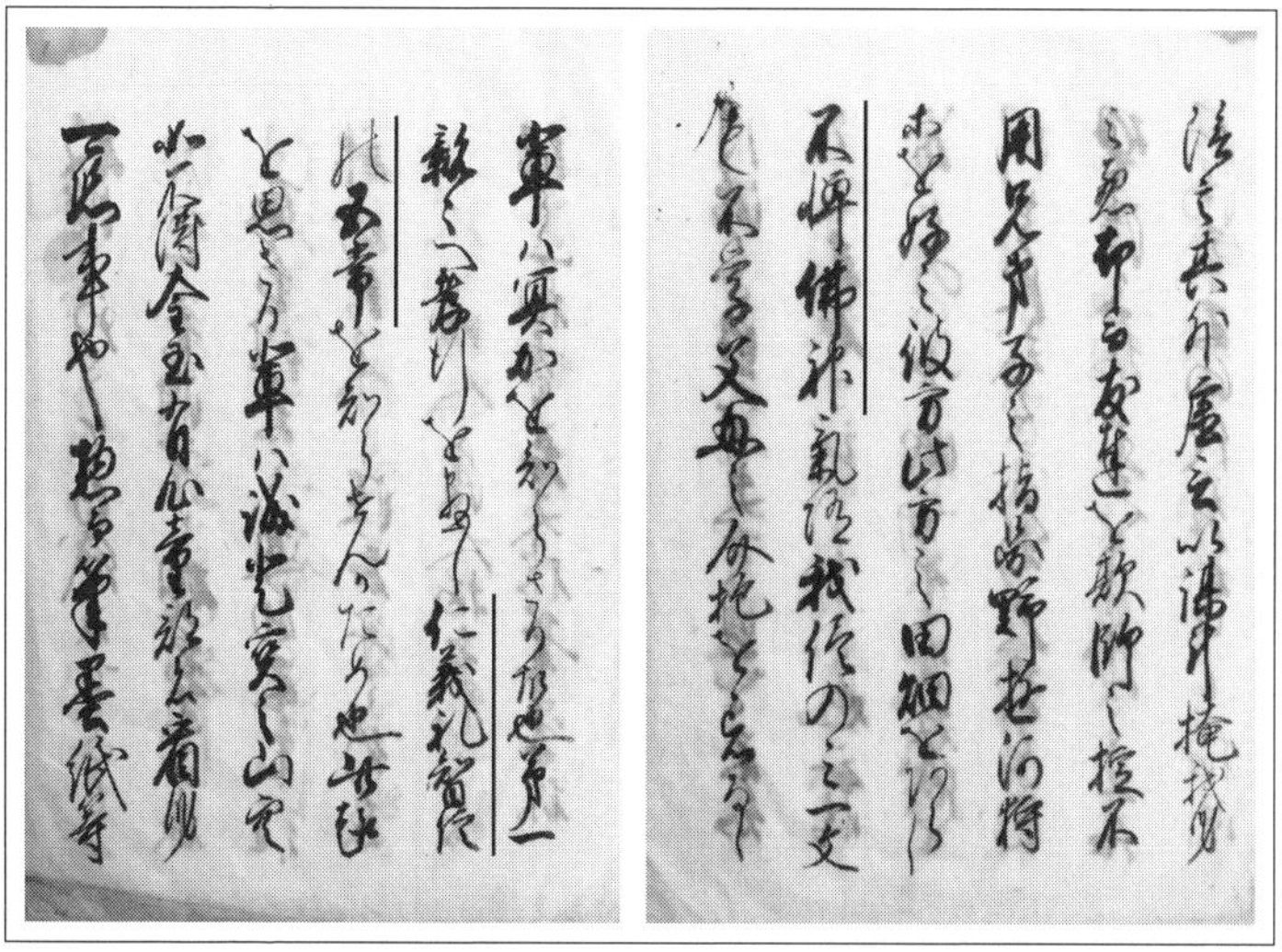

図43　俊蔵『寺子教訓掟書』「仏神」「五常」の件。傍線は筆者。
（滋賀大学経済学部に寄託）

わがまま気ままにして、一つの文字も学ばず、父母の介抱を忘れるような者は、仏や神のご加護を知らないためにそのようなことをするのだ。だから、まず親孝行を尽くして、仁義礼智信の、儒教で言う五常を知らすために勉強をさせるのだ」、というような意味であろう。

寺子屋で子どもに教える教訓の根底には、仏教や儒教に基づく倫理観があるのは確かであろうが、少なくとも俊蔵の『寺子教訓掟書』以外に私が確認した『寺子教訓書』には、「仏神をはばからず」とか、「仁義礼智信の五常」というような、直接的な宗教の語彙や儒教の徳目は出てこない。

7　近江商人の心を育てる

近江商人の家訓に見る「仏神」

近年、江戸時代の近江商人が培ってきた「三方よし」という商業理念が、現代企業に求められる経営理念としての「顧客満足」(CS＝Customer Satisfaction)や、「企業の社会的責任」(CSR＝Corporate Social Responsibility)に通じるものとして、多くの学者や企業経営者によって注目されている。

「三方よし」というのは、商品の売買が売り手にとって利益になる(売り手によし)ばかりでなく、買い手の利益になり(買い手によし)、さらに社会の利益にもなる(世間によし)ことでなければならない、というものであるが、もともとこの「三方よし」の理念は、同郷五個荘石馬寺《いしばじ》出身の近江商人中村治兵衛宗岸が、宝暦四年(一七五四)七十歳のときに、幼い後継者宗次郎に書き残した「書置」(家訓)に示されている。十一カ条ある書置の第八条に、「三方よしの精神」が示されていると言われている。左に引用してみよう。

一たとへ他国へ商内《あきない》ニ参候テも此商内物此国之人
一切之人々皆々心よく著被申候様ニと自分之
事ニ不思皆人よき様ニとおもひ高利望ミ不申
とかく天道之めぐみ次第と只そのゆくさきの

人を大切ニおもふべく候夫ニテ者心安堵ニテ身も
息災仏神之事常々信心ニ被致候テ其国々へ
入ル時ニ右之通ニ心さしをおこし可被申候事第一ニ候

たとえ他国へ商いに出かけても、この商品がこの国のすべての人、皆さんが気持ちよく着用されるようにと考え、自分のこととは思わず、すべて人様がよいようにと思い、高い利益を得ることは望まず、ともかくすべてはお天道さまのお恵み次第と考え、ただ商いに出かける先の人のことを大切に思わなければならない。そうすれば、心も安心し身体も健康でいられる。仏様や神様のことを平素からしっかりと信心して、商いの相手先の国に入るときには、右に述べた通りに志を起こすことが何よりも大切なことである。

このような意味であろうが、この文章中に、「三方よし」の言葉はない。

この言葉は、滋賀大学名誉教授 故 小倉榮一郎氏が、『近江商人の経営』（サンブライト出版、一九八八年）の中で、近江商人の経営理念を分かりやすく、「売り手よし、買い手よし、世間よしでなければ商人は成り立たないという考え方」、と述べたのが始まりと言われている。

中村治兵衛が教えたように、自分の利益を考えず、買う人や、自分が商売をする地域に役立つように心得るということを日々の信条とするのは、商人たちにとって、なかなか難しいことであったであろう。したがって仏や神を信じ、我欲に歯止めをかけることの大切さを教えたのであろう。中村治兵衛は十五歳の後継ぎ宗次郎に対して、信仰の大切さを伝えるために、「三方よし」の条に引き続いて、左のように書いている。

一其方年若ニ候得者　仏神之事惣テ常々の心得を
世間之人ニおとり無キ様ニと存シ　少シ格式ヲ書候へ共
筆ニ難及　成人次第ニ何事も大切ニして息災に世を
暮シ可被申候　其方幼生故少書候得共外様へハ見せ
御わらい草ニも可成と筆を留メ申候以上

その方、年が若いので、仏や神のことすべて常々の心得を、世間の人に劣ることのないようにと考え、少しばかり仏や神を信仰するしきたりを書き始めたが、なかなか書ききれない。成人となり次第、何事につけても（仏神を）大切にし、達者で世を暮らしていくことが大切だが、その方はまだ幼いので、少し書いてはみたけれど、よそ様に見られ、物笑いの種になるかも知れないと筆を止めた。

いつの時代も若者に、宗教について理解をさせることは、なかなか至難であろう。まして、治兵衛が七十年の生涯をかけて積み上げてきた、商業の理念と結びついた信仰心について、若い宗次郎に言葉を用いて理解させることは、容易でないと、治兵衛は感じていたに違いない。「三方よし」の理念を書いた後に、「若いお前にはまだ分からないかも知れないが、仏神のことはともかく大切にすることだ。これだけは言っておくよ」、というような心情が見えてくるではないか。

そして、この書置の最後に、次のような記述をさらに加えている。

一宗次郎江とくと申置候　ばくち勝負事
すきこのみ又ハおごる事　天道を不恐ほしい
ままに暮スそのばちを蒙り家を売　子共ハ
乞食するとのミ極り候　世間を見に　皆其通りニテ
多クのちにくやみてもかえらす候　能ク合思
可被致候事第一也
是を毎月見可被申頼ミハ用ニ立可申候
これが用ニ立不候得者気ままものの内ニ入申候
但　氏神様仏神の朝ハちよづ場ニテかを洗ひ
申時わすれすと拝み又夕ハ神前仏前ニテおがみ
とかく三宝諸天冥加をおもい但私シあしき

心のいで不申候様ニとおがむ事わすれ被申間敷候
めぐみに叶ひ候得者そく才ニ御座候しかれば
大切なる事　わすれてハ成不申候目出度候以上

「宗次郎へとくと申置きする。博打勝負事を好きこのみ、おごりの気持ちを持ち、天道を恐れず勝手きままに暮らすと罰を蒙り、家族を困らせる」と注意をしたあと、「ただし、氏神様や仏様には、朝、手水場（洗面所）で顔を洗うとき、忘れずに拝み、または神前や仏前において拝み、とにかく仏法僧の三宝や、仏法を守護する神々の御加護のお蔭を思い、私の悪い心が出てこないようにと拝むことを忘れてはいけない。（仏神の）恵みに叶うならば、息災に過ごすことができる。だから大切なことを忘れることさえなければ、めでたいことだ。以上」と言う。

「宗教のことを書くのは難しいので止めた」と言いながら、敢えてこのように仏神の信仰について注意を促して筆を止めていることは、たいへん興味深い。

この中村家のように、多くの近江商人の家では、「家訓」が定められており、その中で仏や神への信仰を重視するものが非常に多い。川並の俊蔵の寺子屋からは近江商人が輩出し、またそれらの商人の御店《おたな》への奉公を目指す寺子を指導しているので、他の「教訓書」には出てこない「仏神」という言葉を用い、「仏神を憚らず勝手気ままにして勉強もしないものは話にならない」と指導することは、多くの近江商人を輩出しつつある地域の要請であったに違いない。

テキスト「五常之解」

川島家の数多い教科書の中には、『論語』『孟子』『中庸』など、儒教のテキストがあることは前に述べた通りである。俊蔵はこれらのテキストの講読を行いながら、儒教の重要な徳目である「仁義礼智信の五常」についても、寺子に教えていたと考えられる。

他方、多くの教科書の中に、手書きの「五常之解」（図44）というものが存在する。表紙には「天保五甲午季夏　川嶋氏」と記載されており、『寺子教訓掟書』の三年前に書かれたものであることが分かる。その一部を抜粋しておこう。

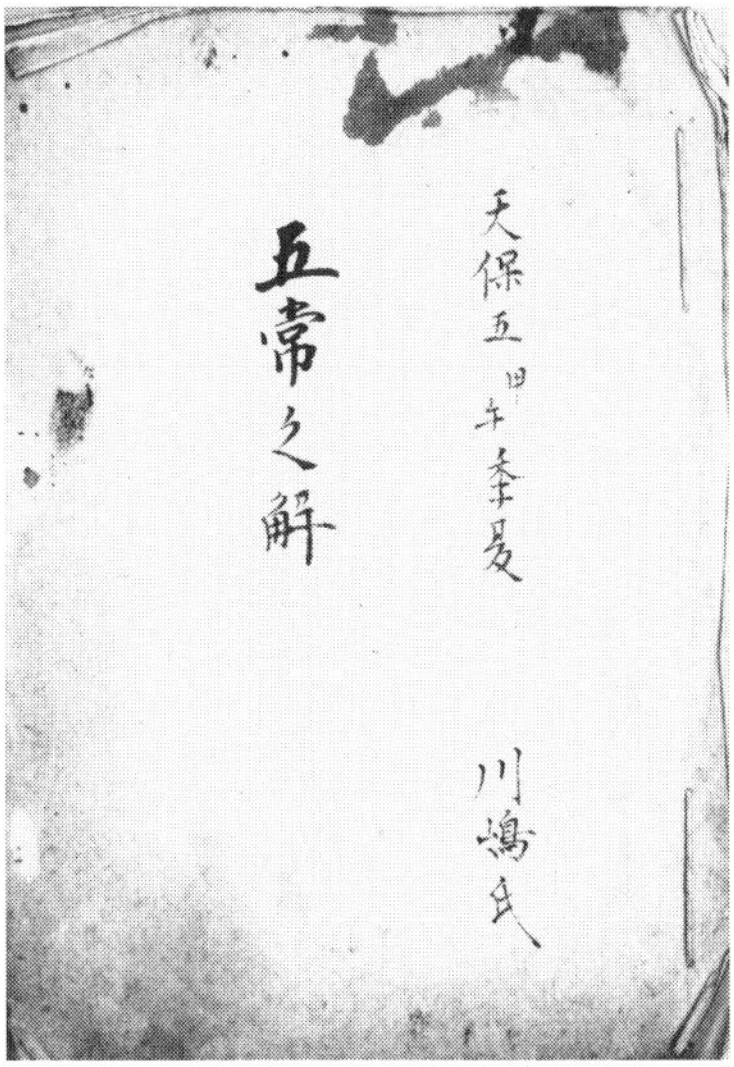

図44　手書きの「五常之解」
「五常」についての俊蔵の解説。
（滋賀大学経済学部に寄託）

「仁を解事　仁は人とおのれとあいたいしてへだてなく　人ある事を知りておのれ有ることをわするべし」
「義といふ事　それ人はどうぶつなり　善にうごかざるときハあくにうごく（中略）此の善悪をわきまえしりて善ならしむるハ即ち義なり」
「礼といふ事　礼は己をへりくだりて人を敬ひ　賤きをもあなとらす　心

安き人に対しても礼をみださず　万事人と対してあらそはズ　己をせめて人の事をいわず　全き己を守りて不善ならぬハ礼なり」

「智といふこと　道理に明らかにしてとどこふり（滞り）なく　鏡のものをうつして少しもわたくしなきがごとくなるを智といふ」

「五常の解　仁義礼智の真実にしていつはりなき理を信といふ　まことなければ四徳もみな偽りとなり萬善ともにあだごとなり　四徳に信をくわえて五常といふ」

ここには、儒教の重要な徳目「仁義礼智信」が分かりやすく、歯切れ良い言葉で解説されている。すでに貝原益軒の「五常訓」によく似た表現があるので、俊蔵はこのような学者の五常についての解説を参考にしている可能性はあるが、この「五常之解」そのものはやはり、俊蔵のオリジナルではないかと思われる。

いずれにしても、俊蔵が「五常」の解説のために、手書きのテキストを作成しているのは事実であり、彼は寺子たちに対して「五常」を理解させることの重要性を、かなり強く認識していたと思われる。

俊蔵が、他の教訓書には出てこない「仁義礼智信の五常」という記述を、彼の『寺子教訓掟書』に入れたのは、このような強い認識の現れではなかったであろうか。

8　石門心学と近江商人の考え方

石門心学

近江商人の「三方よし」の考えと並んで、現代企業の「顧客満足」や、「企業の社会的責任」に通じる考えとして再評価されているものに、「石門心学」というものがある。

京都丹波の東懸村《とうげむら》（現、亀岡市）に生まれた勘平（貞享二年〈一六八五〉～延享元年〈一七四四〉）という少年は、十一歳のとき京都の御店《おたな》に奉公した。その後、一時帰郷するが、二十三歳のとき、再び京都に出て、呉服商黒柳家で働くようになった。勘平は、商売の傍ら儒教・仏教・神道について独学を重ね、最終的には小栗了雲という在家仏教者に師事し、自らの宗教体験を積み上げていった。

後、勘平は石田梅岩と名乗り、彼の弟子たちが「石門心学」と呼ぶようになる独特の思想を構築して人々に説いた。

梅岩の思想が日本の思想史上に果たした役割は、商業の利益の正当性を主張した点にあった。商業という営みが、わが国の社会経済に欠くことができない状況になってきたにもかかわらず、商業を生業とする人々の得る利益に対して、正当な評価がされなかった時代に、彼は、「商人の売利は士の禄に同じ」と言い切ったのである（『都鄙問答』元文四年〈一七三九〉刊。巻二「或学者商人の学問を謗之段」。図45）。

つまり、武士、百姓、町人（職人・商人）といった、封建的な序列のつけられた身分を、それぞれ

図45　石田梅岩著『都鄙問答』
滋賀県日野町の民家の蔵から発見された。
（近江日野商人館蔵）

が持つ職能を発揮して社会に貢献する職分（社会的分業）と受け止め、「欲心」から得ていると考えられてきた商人の売利を、経済活動で得た正当な収入であると主張したのである。

　身分を職分と考える思想は、梅岩の生まれる百年以上前の江戸時代初期に登場した禅僧、鈴木正三《しょうさん》[注]（天正七年〈一五七九〉～明暦元年〈一六五五〉）の『万民徳用』という著書にあった。

　石田梅岩は独学で経書を読み、唯一師と仰いだのが小栗了雲であった。その了雲が末期に梅岩を後継者と認め、「自註を加へし書どもを授け與ふべし」（自分が注釈を加えた書物を与えよう）と申し出たのに対し、梅岩は「ほしからず」と答え、「なぜ」と問う師に対して、「われ、事にあたらば、新に述ぶるなり」（必要になりましたら自分の言葉で話します）と答えている（『石田先生事蹟』一一「了雲老師に学ぶ」）。このことから考えると、梅岩は仮にどこかで鈴木正三の考えに触れていたとしても、その思想に頼るという考え方はしなかったであろう。

　しかし、梅岩の後継者手島堵庵《てじまとあん》（享保三年〈一七一八〉～天明六年〈一七八六〉）は、鈴木正三の著書

『盲安杖《もうあんじょう》』が再版されるのに際して、正三の著書を称える序文を寄せている。手島堵庵は鈴木正三の著書を紐解き、正三の考えに共感しているのである。このことから、石田梅岩が起こした石門心学という学問体系の中の職業観に、弟子である手島堵庵によって鈴木正三の職業観が生かされたと考えて間違いではないであろう。

［注］**「四民日用」を唱えた禅僧、鈴木正三**…三河国足助庄の鈴木重次の長男として誕生した正三は、質実剛健の三河武士として育ちながらも、四歳のときに友達の死に出遭って大きな衝撃を受け、「死」ということに思いを馳せるという繊細な心の持ち主であった。関ケ原、大坂冬の陣、夏の陣には徳川秀忠の親衛隊として活躍していたが、その傍ら、臨済宗妙心寺派の愚堂や大愚らと親交を結ぶなど、仏教に傾倒していった。彼は元和四年（一六一八）、大坂勤務が解けたとき、四十二歳で出家した。特定の師匠を持たず曹洞宗や臨済宗の修行場を訪れて学び、「仁王不動禅」という厳しい修行を行い、提唱した。

この正三が著した『万民徳用』の中で、「封建的身分」が「職分」として説かれている。この著の三章に「四民」と題する文章がある。これは、武士、農人、職人、商人が正三に質問し、正三がそれに答えるという体裁で書かれている。

この中で、「職人日用」に、「職人なくしては、世間の用所、整べからず。武士なくして世治べからず。農人なくして世界の食物あるべからず。商人なくして世界の自由、成べからず」と述べられている件は、それぞれの身分が受け持つ社会的分業について、端的に言い表されている。

「武士日用」では、ある武士が「仏法世法、車の両輪と言うが本当か」と問うのに対して、「仏法世法にあらず、仏法も、世法も理を正、義を行て正直の道を用の外なし（中略）偏慙愧の心強して正直の旨に住し、離相離名の大願力を発し、一切を放下して、勇猛精進の信力を以、身命捨て、切に急に、無上の道に進むべし」（『鈴木正三同人全集』六八頁）と、戦乱の世ではなくなっても社会秩序を保つ武士は、いつも戦場での心を忘れず、私心を離れて励めと、厳しく叱咤激励している。

引き続き、「農人日用」では、「農作業に隙がなく、あさましい渡世の業を行っている、いかにして仏果に至れるのか」という問いに対して、「農業則仏行なり、意得悪事は賤業なり、信心堅固なる時は、菩薩の業なり」〈農業をすることが仏道修行だ。邪な考えで行えば賤しい業だが、信仰心が堅固ならば菩薩の修行と同じことだ〉と簡潔明瞭に答えている。さらに一鍬一鍬に南無阿弥陀仏と唱えながら作物を作ることで、万民の命を助け、食する人の煩悩を滅する薬となると述べている（『同全集』六八〜六九頁）。

さらに続く「職人日用」でも、「家業に隙がなく、どうすれば仏果に到れるか」という質問に対して、「何の事業も皆仏行なり、人々の所作の上におひて、成仏したまふべし」と、職人の作業が仏道そのものであることを説いている。

最後に「商人日用」では、「つたない売買の業をなし、得利を思念、休時なく、菩提にすゝむ事不叶」という問いに、「売買をせん人は、先得利の益べき心づかいを修行すべし。其心遣と云は他の事にあらず。心身を天道に抛て、一筋に正直の道を学べし。正直の人には、諸天のめぐみ深く、仏陀神明の加護有て、災難を除き、自然に福をまし、衆人愛敬、不浅して万事心に可叶」と、「正直な商売」に努めることが仏法に叶うことである、と述べている。

「職分仏行説」と呼ばれる正三のこの職業観は、マックスウェーバーが西欧近代化に果たした、「プロテスタンティズムの職業倫理」に匹敵するものとさえ評価されているらしい（『日本宗教史』末木文美士著、岩波新書、参照）。

商業活動を正当な経済活動と位置づける一方で、梅岩は商人の倫理について厳しい戒めをしている。たとえば『都鄙問答』巻之一「商人ノ道ヲ問ノ段」において、「富ノ主ハ天下ノ人々ナリ」と述べ、商人は「売物ニ念ヲ入レ、少シモ麁相ニ」しないことで、買う人を安心させることができる。また、「天下ノ財貨ヲ通用シテ、萬民ノ心ヲ安ムルナレバ、天地四時流行シ、萬物育ハルルト同ジク相合ハン」、つまり、商人と買う人とが互いに信頼しあうことになれば、それだけでも住みよい世の中になる、と言う。

そして、商人も法を守り、「聖人ノ道」を知って商いをしなければならないと述べている（傍線部は、『石田梅岩と「都鄙問答」』石川謙著、岩波新書、より引用）。

また、梅岩はまるで修行僧のような仏神および孔子への敬虔な礼拝態度を自ら示し、信仰の大切さを人々に教えている。

平生、朝は未明に起きたまひて、手洗し、戸を開き、家内掃除し、袴、羽織を着し給ひ手水し、あらたに燈をけんじ、先づ、天照皇太神宮を拝し奉り、竃の神を拝し、故郷の氏神を拝し、大聖文宣王（孔子）を拝し、彌陀釈迦佛を拝し、師を拝し、先祖、父母等を拝し、それより食にむかひて、一々頂戴し、食し終りて、口すすぎ、しばらく休息し、講釈をはじめたまへり。暮れがたにも、またさうぢし、手水し、燈をけんじ、朝のごとく拝し給へり（『石田先生事蹟』「四　平生の事ども」、『心学道話全集』第五巻、忠誠堂）。

図46　平瀬光慶著『近江商人』
（近江尚商会発行）

梅岩の思想と近江商人の理念

ところで、この梅岩の「買う人を安心させる」「住みよい世の中になる」という考えは、先に触れた中村治兵衛の「買い手によし」「世間によし」と、まさに相い通ずるのではないか。また、梅岩の早朝からの仏神への礼拝の様子は、中村治兵衛が宗次郎に示した仏神礼拝の作法とよく似ている。

石田梅岩は貞享二年（一六八五）に生まれ、延享元年（一七四四）に没している。一方、中村治兵衛は宝暦四年（一七五四）に七十歳で家訓を著しているので、そこから逆算すると、治兵衛は梅岩と同じ貞享二年生まれであった可能性さえある。

明治四十三年に近江尚商会より出版された『近江商人』（平瀬光慶著。図46）の「中村治兵衛」の記事には、治兵衛は主に信州・上州へ出かけ麻織物を売買したが、「幼時より学問を嗜み、就中喜みて仏書を閲す」とある。治兵衛四十五歳ごろ（梅岩四十五歳のとき）、京都で出版された梅岩の『都鄙問答』を読んだ可能性がないとは言えないが、仮に全く知らなかったとして、片や、自らたたき上げた商業実践の中から編み出した治兵衛の商業理念と、片や、御店《おたな》奉公をしながら独学で身につけた学問と独特の宗教体験を通じながらたどり着いた梅岩の商業哲学が、たいへんよく似たものとなったとしても、それは歴史の必然性によるものであったのではないかと思う。

近江における心学の広がり

この中村治兵衛をはじめとする近江商人の商業理念と、石門心学の商業哲学というよく似た考えは、時代が下って、互いに磁石が引き合うように結びついていく。

文化二年（一八〇五）に、「金持商人一枚起請文」と呼ばれる家訓を残した日野の商人中井源左衛門（享保元年〈一七一六〉～文化二年〈一八〇五〉）は、心学者脇坂義堂（生年不詳。文政元年〈一八一八〉没）との親交があった。近江日野商人館の平成二十五年度秋期企画展解説には、「人々のために京都・大津間の牛車道の設置を、脇坂との共同事業として施工し、また、遺言により瀬田の唐橋を架け替えさせるなど、多くの陰徳善事を繰り返しています」と記されている（日野町立近江日野商人館、平成二十五年度秋期企画展「日野商人の商法展企画解説書　第六章　日野商人と心学」より）。

また、昭和六十三年に発行された『八日市市史』第三巻には、天明五年（一七八五）の記録に、近江に六か所の心学講舎があったことが記され、十八世紀後半には、近江に心学が広まっていたことが紹介されている。そして、八日市には好善舎という講舎が活発に活動していたことも紹介されており、この活動が五個荘地域にも波及していたと考えても不思議ではない。

さらに『五個荘町史』第二巻第一章では、この地域の民家に心学に関係した書物が残っていたことが紹介され、「こうした書物の存在は、当町域（東近江市五個荘地域）で心学が受容されていたことを物語っている」と述べられている。近江商人の商業理念を理論づける思想として、心学が受け入れられた証左であろう。

寺子屋のテキストに心学の書物

先に紹介した北庄村の時習斎には、天保十四年（一八四三）から弘化二年（一八四五）にかけて出版された、奥田頼杖《おくだらいじょう》の講話を筆記した『石門心学道之話』（初篇・二篇・三篇それぞれ上・中・下三巻、合計九巻）なる心学の書物が存在している（近江商人博物館蔵）。

また、滋賀大学に寄託されている川島家文書の中には、虫食いによる傷みが激しいが、手島堵庵著の『かなめ草』下巻が存在している。

商家の蔵書に心学の書物が存在するということも、近江商人の考え方を知るうえで重要なことであるが、教育機関である寺子屋の蔵書の中に、心学の書物が存在するということは、さらに大きな意味があるのではないかと思う。

江戸時代の終末期、時習斎の師匠や川島俊蔵は、五個荘地区から多数輩出した近江商人や、御店奉公を志す多くの子どもたちを育てる責任者であった。つまり、これらの師匠には、村の子どもたちに基礎的・基本的学力を身につけさせることに加えて、商業を中心とした職業的実践能力の基礎を身につけさせるという、明治以降の実業学校のような使命があったのではないかと思う。

川島家の算術の教科書に、鯨尺と曲尺の換算、相場に応じた金銀の換算率、絹や綿、麻などの販売価格の計算、金銭貸借の元利合計の算出などの計算問題を、基礎的な問題から応用問題まで、いくつもいくつも掲載しているのは、そのような使命に対応するためであろう。

そして、他方で近江商人が大切にしてきた、商人としての倫理観、商業理念の基礎を身につけさせることも、大切な任務であったであろう。「五倫・五常の道」を重んずる心学の教えは、そのような任務遂行にうってつけの教材となったはずである。

俊蔵が「五常之解」という教科書を手作りしたことや、『寺子教訓掟書』の中に、他の類書にない「仏神をはばからず」という文言や、「仁義礼智信の五常」という文言をあえて記述してあることを、このような時代背景と寺子屋の任務の中で考えてみると、「近江商人を育てた寺子屋」としての性格が、より明確になってくるように思われる。

第四章　庶民の心を支えた「神儒仏一致」の教え

一　外来思想と土着宗教の関わり

これまで川島家の『寺子教訓掟書』の解釈を進める中で、中村治兵衛の「書置」（家訓）に見える近江商人の商業理念や、「石門心学」の商業哲学を検証してきたが、これらの中には、仏教および神道への篤い信仰に加えて、儒教の教えにも学ぶという「神儒仏一致」の考えが流れている。俊蔵の『寺子教訓掟書』でも、「仏神崇敬」と「仁義礼智信の五常」を教えており、俊蔵の教えにも、まさに神道、仏教、儒教の三教をともに尊重する考え方、つまり「神儒仏一致」の考えが背景にある。

わが国は、長い年月をかけて中国大陸や朝鮮半島、その他海外から流入してきた文物を受け入れ、また、それらと日本独特の文物が融合したり斥け合ったりしながら、独自の文化を形成してきた。仏教は、インドで発祥し、中国で発展した大乗仏教が日本に伝来し、儒教は、中国で発祥・発展して、仏教と相い前後してわが国に伝来した外来の思想である。一方、神道は山や川などの自然物に宿る神や神話に登場する神を信仰する、日本土着の宗教である。これら三つの教えは、葛藤や調和を繰り返しながら、日本人の心の糧となってきた。

このうち、土着の宗教と外来の宗教の仏教との関わりについて、末木文美士氏はその著『日本宗教史』（岩波新書）の「I　仏教の浸透と神々（古代）」において、次のように述べている。

考古学上の史料や『魏志』倭人伝などから日本土着の何らかの宗教行為がなされていたことを確認したうえで、日本人が書いた文献、つまり『古事記』『日本書紀』に描かれた「神話」の神々の描き方に仏教の影響がうかがわれるとし、「仏教以前にももちろん土着の神の信仰があったはずであるが、現在の記紀神話をもって仏教以前の（古層）の信仰と考えるのは不適当である。歴史的に解明できる限りにおいては、日本の神々はその出発点からして仏との交渉の中に自己形成をしてきたのである」と断じている。

また、末木氏は、聖徳太子が、深く仏教や儒教を理解し、皇太子や摂政として政治に深く携わりながら天皇にはならなかったと『日本書紀』に描かれていることが、「日本社会における仏教の位置づけを象徴する。仏教は国家体制の最も内奥まで浸透しながら、しかし、仏教の宗教的権威が政治権力とひとつとなることはなかった」と論じている。古代における外来思想と土着宗教の関わりについての、興味深い見解である。

二　近世における「神儒仏」の関わり

1　神儒一致の考え方

さて、仏教と神道は、古代以来長い時間をかけて関わり合い、それが奈良時代から平安時代になると、神と仏の位置づけが「神仏習合」という形で整理され、庶民の心に浸透してきた。

他方、仏教と相い前後してわが国に伝来した儒教が、広く庶民の間に浸透するようになったのは、近世以降のことであった。

京都五山の一つ相国寺の学僧であった藤原惺窩（永禄四年〈一五六一〉〜元和五年〈一六一九〉）が、還俗して体系をまとめた「朱子学」は、その弟子林羅山（天正十一年〈一五八三〉〜明暦三年〈一六五七〉）が家康に登用されて隆盛となった。また中江藤樹（慶長十三年〈一六〇八〉〜慶安元年〈一六四八〉）が講じた「陽明学」や、宋の時代に生まれた朱子学の考えに反対し、古典に学ぶことを主張する、「聖学」「古義学」や「古文辞学」など「古学諸派」が起こり、盛んに自説の主張を行い論戦を展開する中で、儒学そのものが、わが国思想界で大きな地位を占めるようになっていった。そんな中、仏教と神道、儒教の共存の在り方について、盛んに議論がなされた。

江戸の初め、朱子学を広めた藤原惺窩や、朱子学者であり垂加神道を提唱した山崎闇斎（元和四年

〈一六一八〉～天和二年〈一六八二〉）、陽明学の中江藤樹や熊沢蕃山（元和五年〈一六一九〉～元禄四年〈一六九一〉）などの儒学者たちは、世俗（現実社会）での人間の生き方（人倫）を説く儒学に対して、死後の霊魂を説くなどの仏教の出世俗性（世俗から遊離している）と、父母を捨て出家した僧侶が妻帯せず人倫を絶しているという側面を批判し、学派により強弱はあるものの、神仏習合から仏教を切り離し、神儒一致を主張するようになった。

2　仏教側からの反論

これに対して、大徳寺の沢庵宗彭（天正元年〈一五七三〉～正保二年〈一六四五〉）や永源寺の一絲文守《いっしぶんしゅ》（慶長十三年〈一六〇八〉～正保三年〈一六四六〉）などの臨済宗の僧が、仏法は世法と同等のものであり、現世からかけ離れてはいない。妻子を持たない出家は一在所の百分の一にも満たない。仏教が人倫に悖るという論難は視野が狭く、仏教を批判するというよりは出家をそしるためのものではないかと反論するなど、盛んに論戦が展開されている。

少し時代が下って登場する臨済僧白隠慧鶴《はくいんえかく》（貞享二年〈一六八五〉～明和五年〈一七六八〉）は、平易な七五調の和文で「道歌」「粉引き歌」などの数多くの書を著し、夥しい数の禅画や墨跡を残して衆生教化に努めたのであるが、たとえば、墨跡に「千手観世音菩薩」「南無阿弥陀仏」「初祖達磨大師」など仏教の名号は当然のこと、「天照皇大神宮」「天満大自在天神」という神々の名号も多く残し、神仏一致の立場を明らかにし、加えて「親に孝」という儒教の概念を説く書も多数残している。

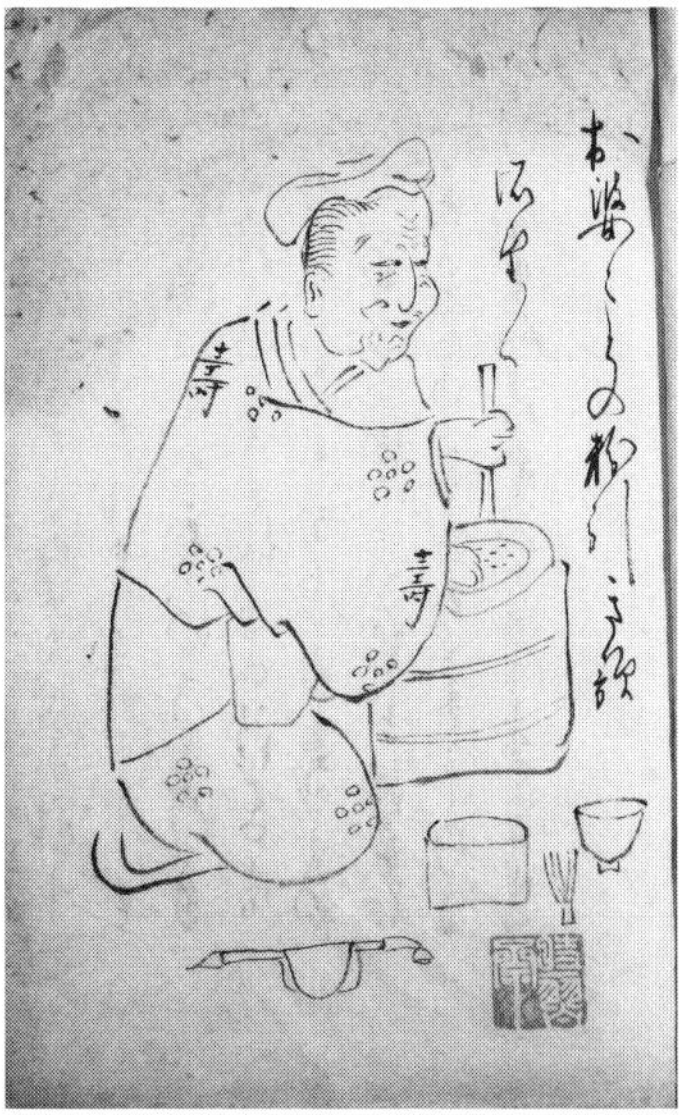

図47　白隠慧鶴『お婆ゝどの粉引歌』　七五調の親しみやすいリズムの歌で庶民に分かりやすく法を説いた。（近江商人博物館蔵）

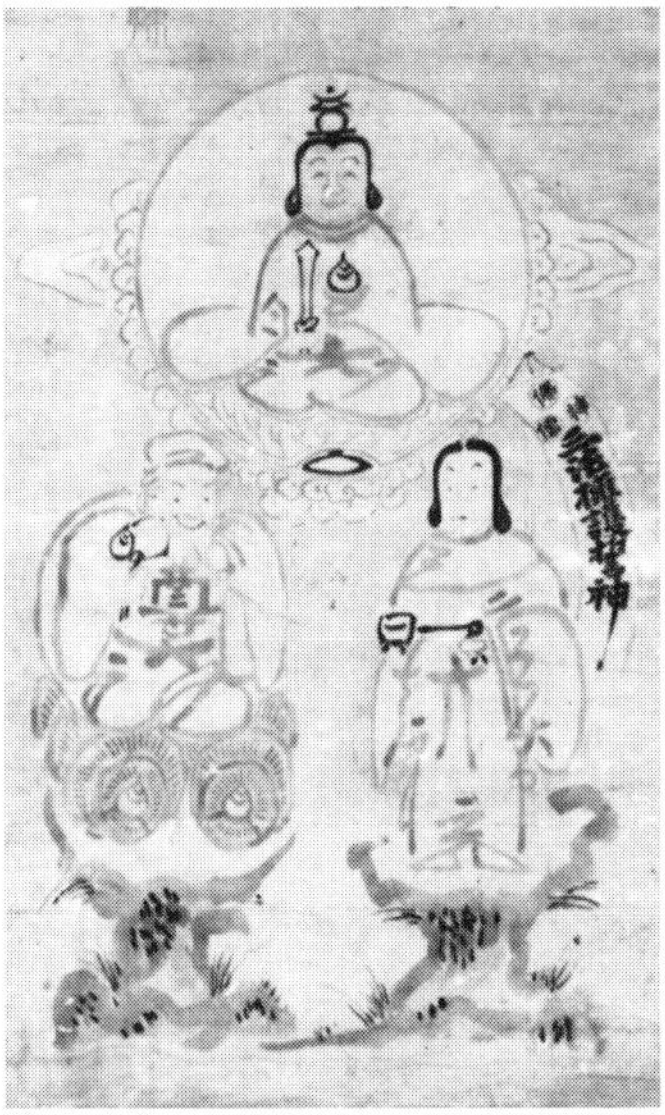

図48　東嶺圓慈『神儒仏三法擁護誓神図（部分）』　雨宝童子（天照大神）、大黒天（大国主命）と聖徳太子で「神儒仏一致」を見事に説明。（齢仙寺蔵）

また白隠は、『お婆、どの粉引き歌』（図47）で、《出家沙門も高位も智者も、主心なければみな民じゃ》《悟り迷ひを口には説けど、主心居らにゃなんじゃやら》《袈裟や衣で見かけは好ひが、主心すわらにゃひょんなもの》など、主心《しゅじん》（＝臍下丹田に全身の精気を集めて修行する心）を忘れて堕落した、仏教者の自戒を促すことも忘れてはいない。

白隠はまた同じ「粉引き歌」で、《宮もわら屋よわら屋も宮よ、主心一つが潮ざかい》（〈立派な宮殿や屋敷に住む身分の高い人も、粗末な藁屋に住む庶民も、人間の値打ちは、真面目に生活しながら自分を磨こうとする心「主心」がすわっているかどうかで決まる〉」と人間の平等性を謳っているが、このような教えは広く人々の心に浸透していった。

白隠の弟子東嶺圓慈《とうれいえんじ》（享保六年〈一七二一〉〜寛政四年〈一七九二〉）も、後に詳述するように「神儒仏一致」（図48）を大いに鼓吹した（『日本宗教史』末木文美士著、岩波新書。「仏教が非人倫的であると云ふ謗難に対しての仏教者の反論：反排仏の護法思想」古田紹欽著、「北海道大學文學部紀要」〈http://hdl.handle.net/2115/33247〉。『白隠禅師法語全集第十三冊　粉引き歌』芳澤勝弘訳注、禅文化研究所、等参照）。

また、「神祇不拝・弥陀一向」の教義を有するという浄土真宗においても、「神仏一致」「神儒仏一致」の立場から、浄土真宗を擁護する考え方をする僧侶もいたという研究もある。一例を挙げると、神道の普及により、寺院に鎮守堂を設置し、仏教徒の家にも神棚が設えられるようになったが、明和年間の安芸の国で、寺院に鎮守を置かず、民家に神棚を置かないという「神棚おろし」運動が起こっている。この運動について、一見すると浄土真宗の過激な「神祇不拝」思想の現れと思われがちであるが、そのときの指導者報専坊慧雲（享保十五年〈一七三〇〉〜天明二年〈一七八二〉）は、「鎮守も神棚もすべて、南無阿弥陀仏の六文字に内包されているためそれらは不要」という主張をしており、根底には神仏一致の思想があったらしい。浄土真宗を幅広く理解する観点からの、たいへん興味深い研究であろう（『近世宗教世界における普遍と特殊　真宗信仰を素材として』引野亨輔著、法藏館、参照）。

3 「神儒仏一致」の浸透

白隠や東嶺などの臨済宗僧侶の教えは、当時、庶民の間にかなり広く普及し、浄土真宗は従来から庶民に深く浸透していたため、思想界における儒学者の「仏教排斥」よりも、「神儒仏三教一致」の考えが、より庶民の間に浸透したと考えられる。

川島俊蔵家は、以前に述べた通り浄土真宗仏光寺派福應寺の門徒である。寺子屋の教場である川島家の自宅には、縦に並んだ四室の十畳の間があり、一番奥の部屋には、床の間と並んで仏壇が備えられ、阿弥陀如来を安置しているが、その部屋の鴨居の高さに神棚が設置されている。

このように、仏間に神棚が共存する光景は、川島家に限らず、また特定の宗派に限らず、この地域の仏教徒の家には当たり前に見られる光景である。もしも、家に不祝儀事が起こった場合には、その部屋で執り行う仏事を神に見せないようにするために、神棚の前に紙一枚を貼ることで済ませるなど、長年の神仏習合が庶民の生活の中で矛盾なく行われるシステムが出来上がっており、仏神への崇敬の在り方をよく示している。

一方、川島家が滋賀大学に寄託している文書の中に『山海里』（図49）という仏教書がある。『山海里』は仏光寺山内寺院の大行寺を開創した信暁（安永三年〈一七七四〉～安政五年〈一八五八〉）が、文政八年（一八二五）に著した全三十六巻の仏教説話集である。川島家には第二篇（上・中）、第四篇（上・中・下）二セット、第七篇（上・中・下）、第十一篇（上・中・下）の合計十四冊が保存されてお

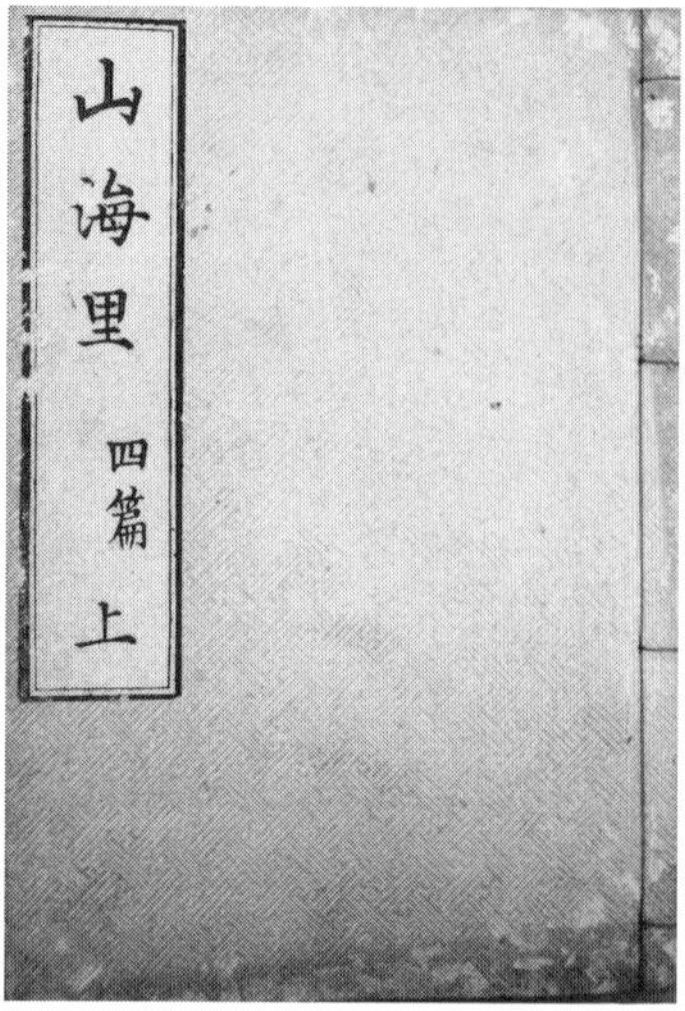

図49　大行寺信暁著『山海里』
（滋賀大学経済学部に寄託）

り、仏教用語の解説などが書かれているが、文字はたいへん読みやすく、漢字にはふり仮名が施されている。仏教に興味を持ったり、師匠が読ませる必要があると考えた寺子などに貸し与えたものであったのかも知れない。

その第四篇の下に、「神の教えのありがたき事」という記事がある。ここには、神道の「六根清浄の大祓い」を紹介し、感覚や意識をつかさどる器官と、その能力を意味する仏教の大切な概念「眼・耳・鼻・舌・身・意の六根」を、天照大神の教えに従って清めることができる、と述べている。神仏習合の考え方の一形態であろう。

4　石門心学における「神儒仏一致」

二十三歳で再び京都の御店奉公に出た勘平（石田梅岩）は、早朝まだ誰も起床しない時間に窓辺で書物を読み、皆が寝静まった深夜に読書をするなど、独学で学んだ。その目的は、「古への聖賢の行を見聞き、あまねく、人の手本になるべし」（『石田先生事蹟』）というものであった。

勘平は、まず「神道を説き弘め、人の人たる道を勧めたい」と願って神道を学んだが、次第に「人の人たる道」の学問的根拠を、儒学の世界に求めるようになった。さらに、儒教の書物に触れながら、自らの「性を知る」ことが大切であると考えるようになり、さまざまに諸家の講義を聞き歩き、最終的に小栗了雲という在家修行者に出会い、仏教的体験を行うことになる。勘平は、仏教的体験による見性（悟りを得る）の後も儒者を名乗り、生涯を儒教の規範に基づいて行動し、自らを厳格に律した。また同時に、日本人としての意識の下での神道に対する信仰の態度には格別なものがあった（「石田梅岩の神儒仏習合思想に関する一考察」黄海玉、佛教大学大学院紀要教育学研究科篇、第三九号、参照）。

独学で経書を読破して独特の論理展開を行う勘平こと石田梅岩は、儒者を名乗りながらも、仏教排斥を行った儒学者とは違い、神儒仏一致の立場に立ったのである。

前掲した『石田先生事蹟』「四　平生の事ども」に見られる、神儒仏への敬虔な礼拝態度を貫いていたのも、こうした立場からであった。

先に述べた通り、近江商人の商業理念と石門心学の商業思想は極めて類似し、ためにその後は互いに交流したり、結びつく中で発展していくのであるが、近江商人の卵を育成する寺子屋においては、宗教的に「神儒仏一致」の立場で教育するのは至極当然のことであった。

俊蔵の『寺子教訓掟書』の「仏神」や「五常」の記述を、このような思想史上の背景の中で検証してみると、よく理解できると考える。

5　東嶺圓慈の「神儒仏一致」

東嶺圓慈

さて、ここで、「神儒仏一致」の立場で活動した東嶺圓慈《とうれいえんじ》（図50）について、少し詳しく学んでおきたい。東嶺圓慈は、今、検証をしている「近江商人を育てた寺子屋」の舞台となっている東近江市五個荘地区の生んだ近世の禅僧であり、少なからず地域の人々の心の支えとなった人である。

東嶺圓慈は、享保六年（一七二一）、近江の国小幡《おばた》郷の薬屋中村善左衛門の家に誕生した。小幡郷とは、中山道がまたぐ愛知《えち》川《がわ》の西岸の街道筋集落のことである。このあたりの村境はやや複雑で、愛知川西岸間近には神崎郡宮前中村（現、東近江市五個荘中町）の出町（本村から出張った集落という意味の小字名）の集落があり、引き続き、ほぼ村境もわからない状態で、神崎郡小幡村（現、東近江市五個荘小幡町）が続いている。東嶺の生家は、このうち宮前中村の出町に存在し、街道に面していた商家（薬屋）であった（図51）。そして東嶺圓慈は、寺子屋から巣立ち、全国で活躍した近江商人が心の基準とし、近江商人と響き合った石門心学が拠り処とした「神儒仏一致」の教えを広く鼓吹し、実践した人物であった。

享保十年（一七二五）、島津公の招きで日向の国から江戸に向かう途上の古月禅材《こげつぜんざい》禅師（寛文七年〈一六六七〉～寛延四年〈一七五一〉）が中山道を通り、愛知川が川止めになったため、東嶺の生家中村家に止宿したとき、五歳の東嶺は和尚の給仕をした。このとき、古月和尚の姿を見て五歳の少年は出

図50　東嶺圓慈（臨済宗妙心寺派齢仙寺〈東近江市〉蔵）

◀**図51　東嶺生家跡**（東近江市五個荘中町）

家を志したという。

　七歳のとき、父は「師を択んで書を倣習《ならわ》しむ」、と『東嶺和尚年譜』（西村恵信著、思文閣出版）にある。この記事に引き続き、友人が蟣《しらみ》を殺すのを東嶺がとがめるというやりとりが書かれている。これらの記事から、東嶺と友人は寺子屋に手習いのために通う途上、蟣についての一件があったようにも受け止められる。そうすると、父が選んだ書の師匠は、東嶺の生家に隣接する北庄村の時習斎という寺子屋の師匠であったのではないか、と推測することができる。

　東嶺七歳の年（享保十二年〈一七二七〉）は、大和郡山藩の代官からたっての依頼を受け、北庄村に時習斎を開いた中村義通が六十三歳、二代目の師匠中村重通が二十九歳、ベテランと若手の師匠が共に活躍していた時期に当たる。第一章で紹介したように、時習斎には明和年間以降の『門人姓名録』という寺子の名簿が現存し、柴田純氏の分析により、五個荘地域全体はもとより、湖北地区や京都にも名が知られ、わざわざ京都や湖北から寄宿生が学んだ寺子屋であることが明らかになっている。したがって、東嶺の父がこの寺子屋を選んで東嶺に学ばせた可能性はある。

また、この寺子屋の膨大な数の文書の中に、『白隠禅師施行歌』『白隠禅師荒年施行歌』『ちょんがれ』『お婆、どの粉引き歌』など、東嶺の師匠白隠の著書が複数存在するのも、この寺子屋と東嶺少年との因縁が見え、これら白隠の著作は、後に故郷に戻った東嶺によりもたらされたものであったのではないかと想像する。

享保十四年（一七二九）、東嶺の出家に反対していた両親もついにこれを認め、おそらく中村家の菩提寺妙心寺派齢仙寺住職のアドバイスを受け、神崎郡能登川村の大徳寺亮山和尚の下にあずけ剃髪させた。元文二年（一七三七）、東嶺は大徳寺を出て五歳のとき憧れて出家を志した古月和尚を訪ねて日向の大光寺に行き、その後、京都、丹波、江州と師を求めて歩き、江州日野の山中蓮華谷で独接《どくぜっ》心《しん》（一人修行）を敢行し、大悟した。この境地を確かめるため、東嶺は寛保三年（一七四三）二十三歳の年、沼津の松蔭寺に白隠を訪ねてその門下に入り、その後、辛酸苦修を重ね、遂に白隠から印可《いんか》（修行を究めた証明）を受けるのである。

「松蔭寺において五十九歳の老白隠に相見してからの東嶺が、どれ程の辛酸を舐めたか」と、前掲

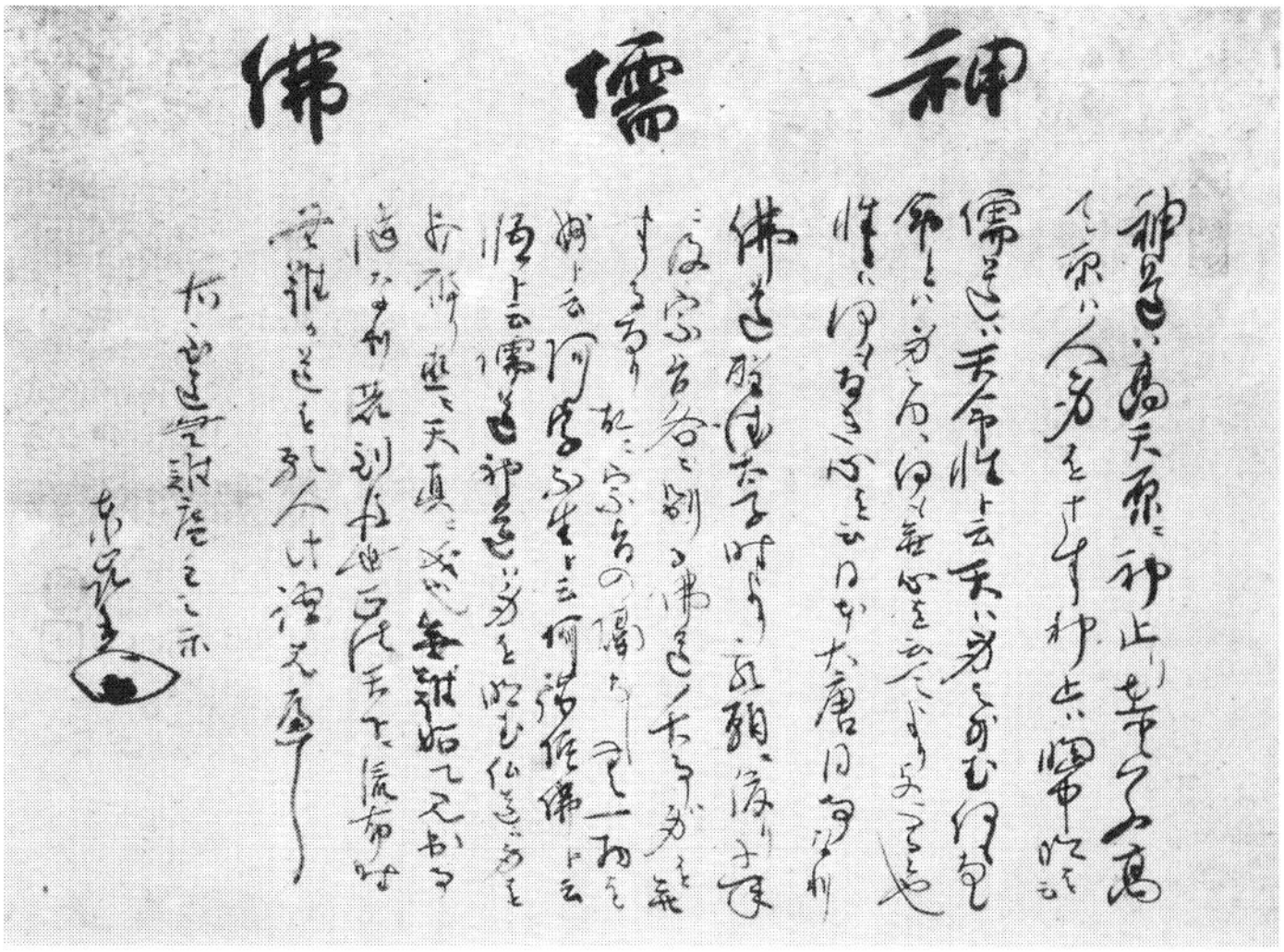

図52　東嶺墨跡（龍澤寺蔵。『東嶺圓慈―禅画と墨跡』より。花園大学歴史博物館編）

の『東嶺和尚年譜』において著者西村恵信師は、東嶺のその修行ぶりを辿っている。

東嶺の「神儒仏一致」

この東嶺も「神儒仏三法一致」を盛んに説いている。東嶺の「神儒仏一致」は理論だけにとどまらず、五十代から六十代初めにかけて神道の先達に学び、唯一神道の奥義書を読破し、六十五歳のとき『神儒仏三法孝経口解』を著し、禅の道を極め、神道も極めた立場からの「神儒仏一致」の理論構築を行っているのである。

花園大学歴史博物館発行の『東嶺圓慈―禅画と墨跡　龍澤寺・齢仙寺と近江の禅寺所蔵作品』において、図52の〈至道無難仮名法話「神・儒・仏」〉と題された、東嶺圓慈真筆の墨跡がある。

至道無難《しどうぶなん》（慶長八年〈一六〇三〉～延宝四年〈一六七六〉）は、東嶺の師白隠の師匠である道鏡慧端《どうきょうえたん》（正受老人《しょうじゅろうじん》）のさらにその師匠である（左図参照）。東嶺からすると法系での曾祖父にあたる至道無難は、その『即心記』や『自性記』などの法語集の中で、「神儒仏一致」について何度も説いている。東嶺はその至道無難の法語の枠を書き写し、この墨跡をしたため、その中で神儒仏の関係を端的に述べている。「儒道神道ハ身を明む　仏道ハ身を打破り直ニ天真ニ成也」。つまり、「（神儒仏は一致して人間を清く明らかにするものであるが）儒道や神道においては、儒者の言う天命を学んだり、神が降り立った神域に入ることにより、人身を清く明らかにすることができる。仏道は身を破るような修行をすることにより、純真な境地に入るものである。仏教には多くの宗派があるが、修行上の違いはあっても根本は同じである」、と述べている。

東嶺は白隠の最晩年あたりから、全国各地で求めに応じて禅の講義を精力的に行い、多くの人々に彼ならではの強い感化を与えている。

	愚堂東寔（一五七七～一六六九）	―至道無難（一六〇三～一六七六）	―道鏡慧端（一六四二～一七二一）	―白隠慧鶴（一六八五～一七六八）	―東嶺圓慈（一七二一～一七九二）
［出自］	武士	本陣経営	武士	問屋の三男	薬屋の長男

東嶺と中澤道二

石川謙（明治二十四年〈一八九一〉～昭和四十四年〈一九六九〉）は、「石門心学の思想は、始祖石田梅岩によって基礎と体系を与へられ、手島堵庵によって精神修養と処世規箴の学までその骨格を組立替へられ、そして（中澤）道二によって社会教化の学としての思想体系にまで編み上げられた」（『校訂道二翁道話』岩波文庫）と述べている。この石門心学発展の重要人物中澤道二《なかざわどうに》が東嶺に出遇って、石門心学への道に入るきっかけを得たという。

石川謙『道二翁道話』の「解説」によれば、中澤道二（享保十年〈一七二五〉～享和三年〈一八〇三〉）は京都の機織りを業とする家に生まれた。生家は日蓮宗の敬虔な信者であり、幼いころから清い心の家族に育まれた。彼は年若くして「一天四海皆帰妙法」の言葉に出会い、「妙法」の二文字を理解しようと志すようになった。年長じて病に見舞われ、鬼子母神に病の平癒を祈願するにあたって、「霊験」は祈られる神仏の功徳の中にあるのか、祈る者の心の誠にあるのかという課題に面し、これの答えを見出そうと二十年間考え抜いていた。

道二が四十一歳の明和二年、東嶺禅師の法筵に列して自得するところがあり、その課題の解決に達した。

このことについては忽滑谷《ぬかりや》快天《かいてん》（慶応三年〈一八六七〉～昭和九年〈一九三四〉。駒澤大学初代学長）の『清新禅話』に、次のように書かれている。「中澤道二翁が東嶺禅師の説法を聞きました所、禅師が魚は水の中に居て水を知らず、人は妙法の中に在て妙法を知らずと仰せられた時、豁然として悟入し、なる程妙不可思議の法は天地に充ちつゝある。烏のカアカアも妙法、雀のチウチウも妙法に外ならぬ、柳の緑、花の紅、一つとして妙法ならざるはないと悟りまして、其の後心学に入りて大いに力を得たと申すことで御座りまする」。

道二はこの体験の後、手島堵庵のもとで「石門心学」を学び、後、江戸に下り、求められるままに「道話」という講義を行い、「石門心学」の普及に努め、ついには松平定信の元に集まる大名たちにも心学を説いたのである。

東嶺は、このように日本の思想界を動かした人物に大きな影響を与えた禅僧であったが、故郷近江に帰っては、生家の菩提寺齢仙寺を中心に各地で法筵を開き、広く「神儒仏一致」などの思想を広めている。五個荘地域で育ち、商売に勤しむ人々にも東嶺の教えは、広く深く浸透していったと考えられるのである。

東嶺は寛政四年（一七九二）近江に戻り、授業寺大徳寺の亮山塔（師匠の墓）を拝し、その後、生家の願寺齢仙寺において溘然として坐脱（坐禅を組んだまま示寂）す、と『東嶺和尚年譜』にはある。

終章　川島家寺子屋の廃業

一　俊蔵の生きた時代

寺子屋師匠川島俊蔵は、享和三年（一八〇三）の生まれだと考えるが、誕生の翌年（文化元年）にはロシア人レザノフが長崎に来るなど、鎖国をして泰平の世を謳歌していた日本が、次第に騒がしくなり始めてきた時期である。

俊蔵の生涯の中で、日本に起きた事件を拾い上げてみると、次のようになる。

	[出来事]	[俊蔵関連事項]	[俊蔵年齢]
文化　元年（一八〇四）	ロシア人レザノフ長崎来航		二歳
同　四年（一八〇七）		**福應寺親鸞上人五百五十年遠忌に奉仕**	五歳
同　五年（一八〇八）	間宮林蔵樺太探検　フェートン号事件		六歳
同　八年（一八一一）	ロシア人ゴローニン、捕虜となる		九歳
文政　二年（一八一九）		**勝見主殿の手本初めて伝授**	十七歳

文政　四年（一八二一）		**父文治郎没**	十九歳
同　　八年（一八二五）	異国船打払令		二十三歳
同　十一年（一八二八）	シーボルト事件		二十六歳
天保　四年（一八三三）	天保の飢饉始まる		三十一歳
同　　五年（一八三四）		**「五常之解」執筆**	三十二歳
同　　八年（一八三七）	大塩の乱　モリソン号事件	**『寺子教訓掟書』執筆**	三十五歳
同　　十年（一八三九）	蛮社の獄		三十七歳
同　十二年（一八四一）	天保の改革始まる		三十九歳
同　十三年（一八四二）	天保の薪水給与令		四十　歳
弘化　三年（一八四六）	ビッドル浦賀に来航		四十四歳
嘉永　六年（一八五三）	ペリー浦賀に来航　プチャーチン長崎に来航		五十一歳
同　　七年（一八五四）	日米和親条約		五十二歳
安政　五年（一八五八）	井伊直弼大老就任　日米修好通商条約　安政の大獄		五十六歳
万延　元年（一八六〇）	桜田門外の変	**「桜田門外の変関係藩士名覚」取り寄せ**	五十八歳
文久　二年（一八六二）	坂下門外の変　和宮降嫁　生麦事件		六十　歳
同　　三年（一八六三）	薩英戦争		六十一歳
元治　元年（一八六四）	禁門の変		六十二歳
慶応　二年（一八六六）	薩長連合		六十四歳
同　　三年（一八六七）	大政奉還　王政復古の大号令		六十五歳
明治　元年（一八六八）	戊辰戦争　五カ条の誓文		六十六歳
同　　四年（一八七一）	廃藩置県	**『訓蒙窮理図解』購入　俊蔵没**	六十九歳

俊蔵の五十代後半からは、わが国の歴史の行方に深く関わる重大事件が次々と起こっている。俊蔵は、まさに幕末の激動期から明治維新という、大きな歴史の転換点を生きたといえる。

俊蔵がこの激しく移り変わる時代をどのように感じ、どのように生きようとしたかを直接語った文書は、滋賀大学にも、川島家にも今のところ見つかっていない。しかし、滋賀大学に寄託されている文書中の、次の二つの資料を読みながら、俊蔵の心情を推察することができるのではないか、と考えた。

二　桜田門外の変への関心

まず一つ目は、「桜田門外の変関係藩士名覚」（図53）、と整理上名づけられた文書である。

数多くの寺子屋の教科書や知人からの書簡などが整理された滋賀大学の「川島俊明家文書目録」の中にも、これだけは他の文書と少し性質の違った、歴史的事件に関わる文書である。

そこには何の説明もなく、「深手負　御供頭　四百五十石　日下部三郎右衛門」をはじめとして、桜田門外の変に、井伊直弼登城の行列にいた家臣二十二名の名前と負傷の程度、禄高が書かれている。また、続いて「狼藉者名前」として、「薩洲藩士　有田次左衛門　水戸藩士　佐野竹之介」というように、襲撃した武士の名前が列挙され、末尾に「〆十六人　同八人深手ニテ即日死に至　但シ諸家へうけ入れ　同四人捕縛　残り行方不知」と書かれている。

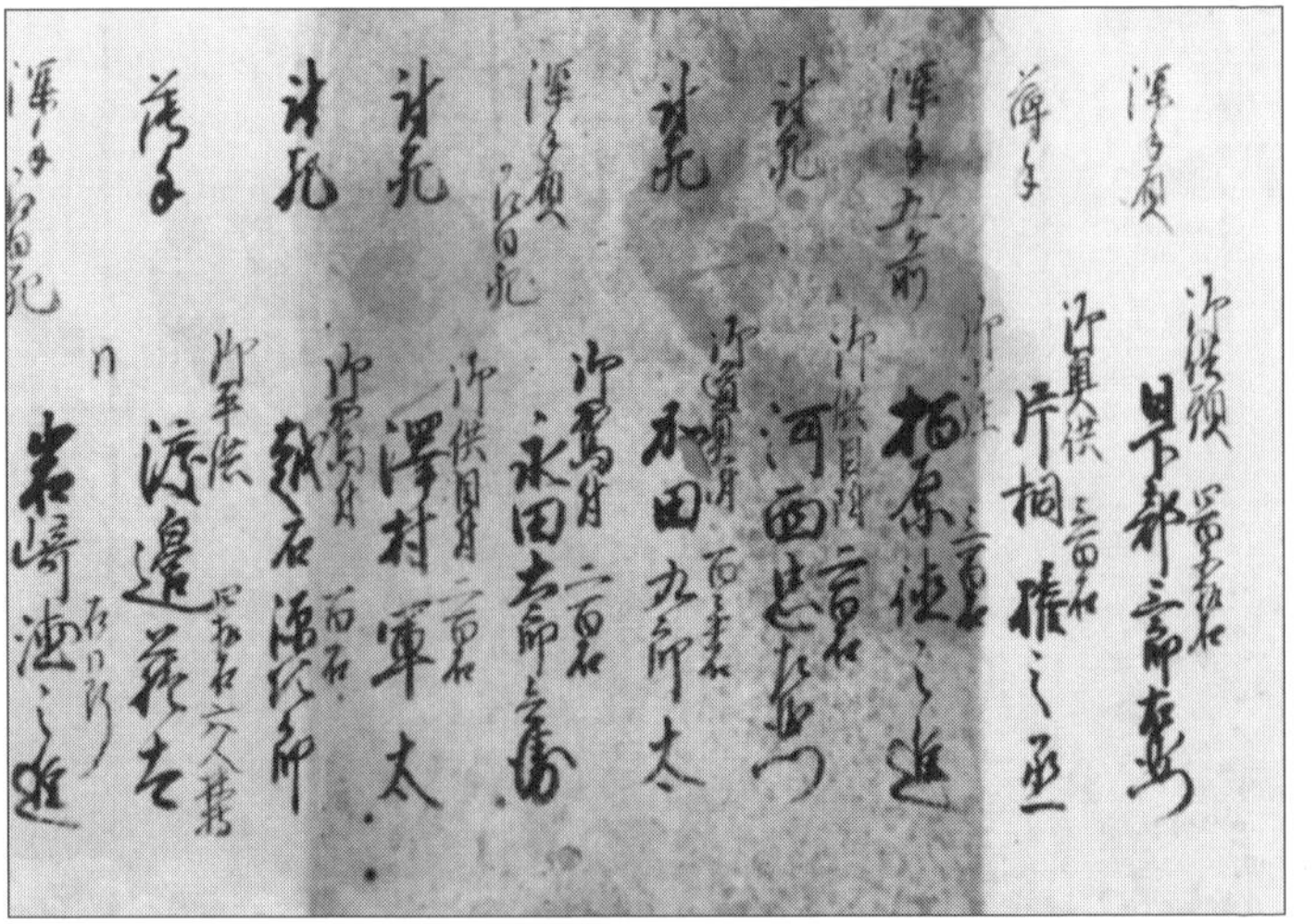

図53　「桜田門外の変関係藩士名覚」
（川島俊明家文書。滋賀大学経済学部に寄託）

この文書を読んでみると、薩摩脱藩藩士の名前は正しくは「有村次左衛門」であったことや、襲撃者の実際の人数は十八名（『日本史広辞典』山川出版社、参照）であったことなど、やや不正確な点もあるが、「狼藉者」という表現があること、「討死」「深手」「薄手」など怪我の状況などが詳細に記述されていることから、この文書を記述した人物は、彦根藩の事件の情報を詳しく知る立場にあった人物であったと想像される。

さて、この文書がなぜ川島家に存在するのかであるが、文書にはそのいきさつは一切書かれていない。私は先に、川島家の先祖は伊予から彦根に入り、井伊家と深い関わりを持っていたであろうと、川島家の過去帳を閲覧して推測したことを述べた。また、川島家には、俊蔵が若いころ彦根藩藩校で学んだ後、京都で学んだという口伝があることも述べた。この文書の存在は、そのような推測や口伝に対して信憑性を担保しているように思うのである。

俊蔵が彦根藩と深い関わりを持っているからこそ、井伊直弼の一大事を伝聞し、大きな驚きと深い悲しみの中で、事件の真相を知りたいと考えたに違いない。そこで旧知の彦根藩士に教えを請うたのではないか。そして、「俊蔵ならば伝えてもよい」と考えた人物が、この文書を伝えたのではないか。情報に不正確さがあるところをみると、この文書は事件後そう時間が経っていない時期に、彦根に伝えられた速報をもとに書かれたものであるかも知れない。また、この名簿の中には、俊蔵が知る人物がいたのかも知れない。

一片の文書に対して、推測に推測を重ねてではあるが、思いを馳せてみると、次のようなストーリーが見えてきた。

ペリーの来航により大揺れしたわが国の政治情勢は、井伊直弼の登場と死によって、尊皇と佐幕、開国と攘夷などの主張が相まみえ、わが国は動乱のるつぼに巻き込まれていく。

俊蔵は、桜田門外の変の不幸に深い悲しみを覚えながらも、その後に起こる動乱の中に新しい日本が生まれる鼓動を聞き取り、川並の子どもたちが時代の波に巻き込まれず、時代の先を読みながら生きていく力を育てていったのではないかと思う。幕末から明治にかけて多くの川並出身の人物が世間で活躍したことは、それを物語っているように思う。

三　福沢諭吉の『訓蒙窮理図解』に学ぶ

「川島俊明家文書目録」中の、幕末から明治にかけての数多くの資料の中で、『訓蒙窮理図解《きんもうきゅうりずかい》』（図54）という書物について少し考えてみたい。

「窮理学」とは「物理学」の旧称であり、この『訓蒙窮理図解』は、明治元年に福沢諭吉によって出版された、日本で最初の自然科学の書物である。

その序文に、「西洋人の説に　人として耳目鼻口を具へ、物を聞、物を見、物を嗅、物を食て　そのものの耳目鼻口に快と不快とを覚るのみにて　其快き所以の理と快よらざる所以の理に至てハ之を頓着せず　其物の生ずる処を知らず　其物の由りて来る処を知らず（中略）苟にも人としてこの世に生れなハ　よく心を用ひて何事にも大小軽重に拘はらず　先づ其物を知り其理を窮め一事一物も捨置くべからず」と述べ、どんな事物をも見逃さず観察して、理を窮めねばならないと説いている。

「第一章　温気（温度と熱）の事」では、占い師が天眼鏡で日光の熱を集めて紙を焦がしているのを子どもが両手を挙げて喜んで見ている挿絵（図55）を入れ、「日輪の温気ハ人の目に見へされども糸の如く真直に来るものゆへ硝子《びいどろ》の玉を以てこれを受れバ硝子にて其温気の線を一處に集めよく物を焼くべし」と太陽熱を説明したり、地熱、化学反応熱、摩擦熱、ゑれきとる（電気）の熱などを、日常生活を例にとりながら説明している。

そのほか、「空気」「水」「風」「引力」「遠心力」や、日輪（＝太陽）・世界（＝地球）・月の動きによる「昼夜」「季節」「月の満ち欠け」「日食」「月食」などの自然現象を、分かりやすく説明している。

この書物は、福沢諭吉が慶応三年（一八六七）、幕府の使節に随行して二度目の渡米をした際に、イギリスやアメリカの自然科学や地理の書物を買い込み、後に翻訳し、分かりやすく記述したものと言われている。

図54　『訓蒙窮理図解』
（川島俊明家文書。滋賀大学経済学部に寄託）

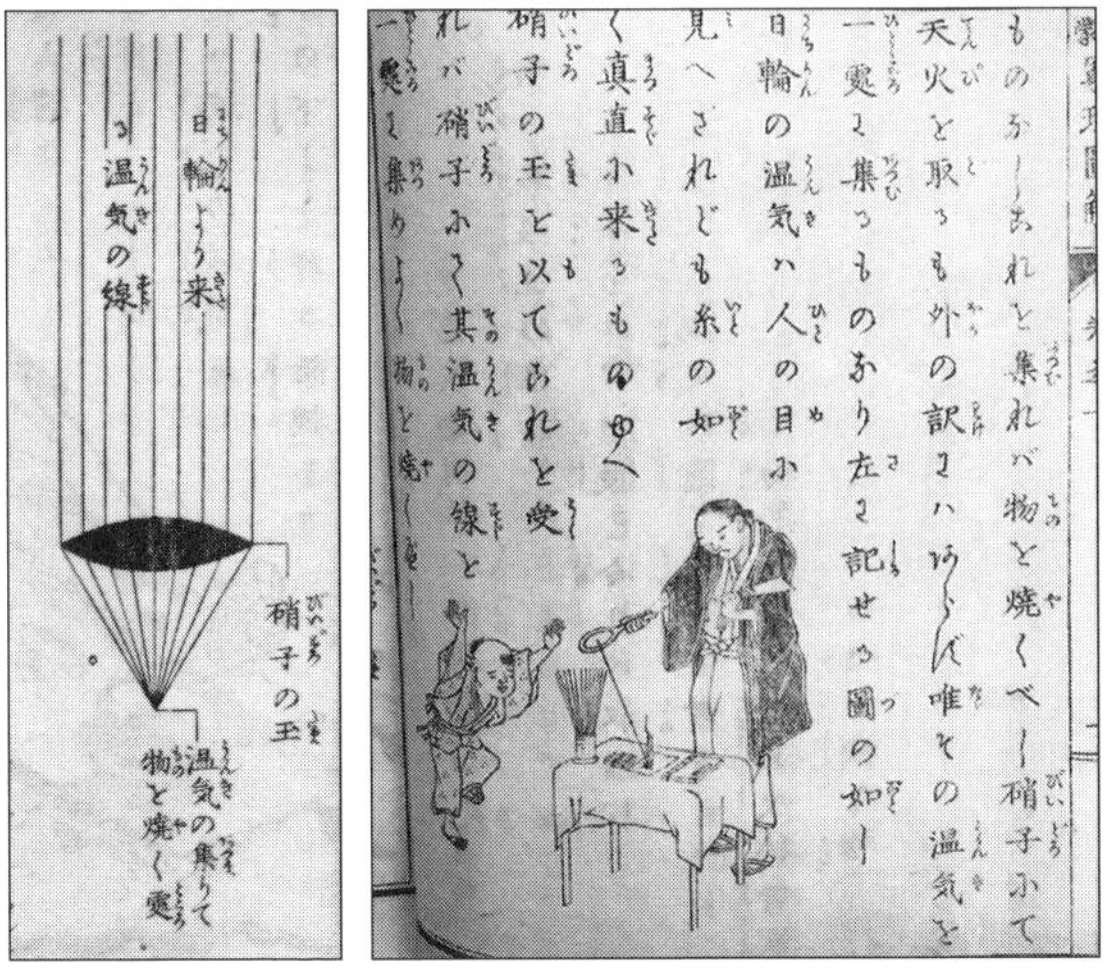

図55　『訓蒙窮理図解』の第一章に見られる挿絵　科学的な話を、楽しい絵とともに解説している。（川島俊明家文書。滋賀大学経済学部に寄託）

この資料に触れてみて、改めて福沢諭吉の偉大さを再確認した。明治元年に初版、明治四年（一八七一）に第二版、明治六年に第三版が出版され、わが国には科学ブームが起きたという。

ところで、この書物が川島家の蔵書の中に存在することについて、少し推論してみたい。

川島家の『訓蒙窮理図解』は第二版、明治四年の六月出版のものである。俊蔵が亡くなるのは同じ明治四年の九月。川島家がこの書物をいつ入手したのかも分からないし、俊蔵が生前、この書物に目を通したという証もない。

しかし、少なくとも、福沢の初版本が大変なブームを起こしていたというニュースは、最晩年の俊蔵の耳に入っていたであろうと思われる。冒頭の和歌にあるように、病牀にありながら、「元気になれば子どもたちと花見に行こう」と、寺子屋での指導に復帰することを願っていた俊蔵が、評判の福沢の書物を手に入れ、子どもたちと一緒に読みたいと望んでいたのではないかということは十分に考えられる。全国を股にかけて商売をしていた俊蔵の弟子の一人が、師匠のために、再版された『訓蒙窮理図解』を購入して届けたということも考えられないことはない。子どもたちに読み・書き・そろばんを教えること以外に、医学や薬学に通じていた俊蔵が、たとえ亡くなる直前にでもこの書物を手にしたとしたら、病牀で心躍らせながら読んだに違いないと考えるのである。

四　寺子屋の廃業と川並学校

1　川島俊蔵の終焉

塚本源三郎の著した『川並誌』には、寺子屋廃業に関して次のように記されている。

俊蔵逝いて翌明治五年小学校令が布かれた。一女あり彦根の某を迎へ配して家名を襲がせた。其人は川並小学校の助教となった。

俊蔵には何人か男の子もあったようであるが幼くして亡くなり、後を継いだのは「ひろ」という女の子であった。ひろは、明治三十九年に六十四歳で亡くなっているので、俊蔵が亡くなった明治四年には二十九歳であったと推察される。『川並誌』にあるように、ひろには養子を迎えている。法名釈浄量というこの人物は、福應寺の記録では「養子和蔵」となっているが、川島家の過去帳では「俗名俊蔵」と記録されている。これらのことから、彦根から和蔵という養子を迎え、俊蔵の後をとらせて「俊蔵」を襲名させたと解釈する。

さて、幕末から明治維新にかけての動乱期に、心情的にはさまざまな思いを巡らせながらも、子どもたちへの教育を粛々と行ってきた俊蔵は、冒頭に紹介した和歌一首を残して、明治四年（一八七一）九月十七日、その生涯を閉じた。

2　明治の「学制発布」

その翌年、明治五年（一八七二）、「学制発布」が行われた。明治維新により政治・経済・社会にわたる大改革が行われたが、明治政府は教育における改革も進めていった。明治四年（一八七一）に文部省が設置され、明治五年、太政官布告「学事奨励ニ関スル被仰出書」とともに、全国を八大学区、一大学区を三十二中学区、一中学区を二百十小学区に分割し、全国に五万三千七百六十の小学校を作る計画が発表されたが、このことを「学制発布」と言う。

この布告は冒頭、「人々自ラ其身ヲ立テ其産ヲ治メ其業ヲ昌ニシテ其生ヲ遂ル所以ノモノハ他ナシ身ヲ脩メ智ヲ開キ才芸ヲ長スルニヨルナリ」と述べ、「自今以後一般ノ人民必ス邑ニ不学ノ戸ナク家ニ不学ノ人ナカラシメン事ヲ期ス」と国民皆学を薦めている。

3　川並学校の誕生

川並村では、俊蔵の寺子屋において事実上、村民皆学に近いものが実現していたと推測する。しかし、この学制発布の方針に従い、滋賀県布達による中学区・小学区の設定に先んじること四か月余り前の明治六年（一八七三）六月二十五日、川並村は、川並村百番地の家屋を仮校舎として、隣村塚本

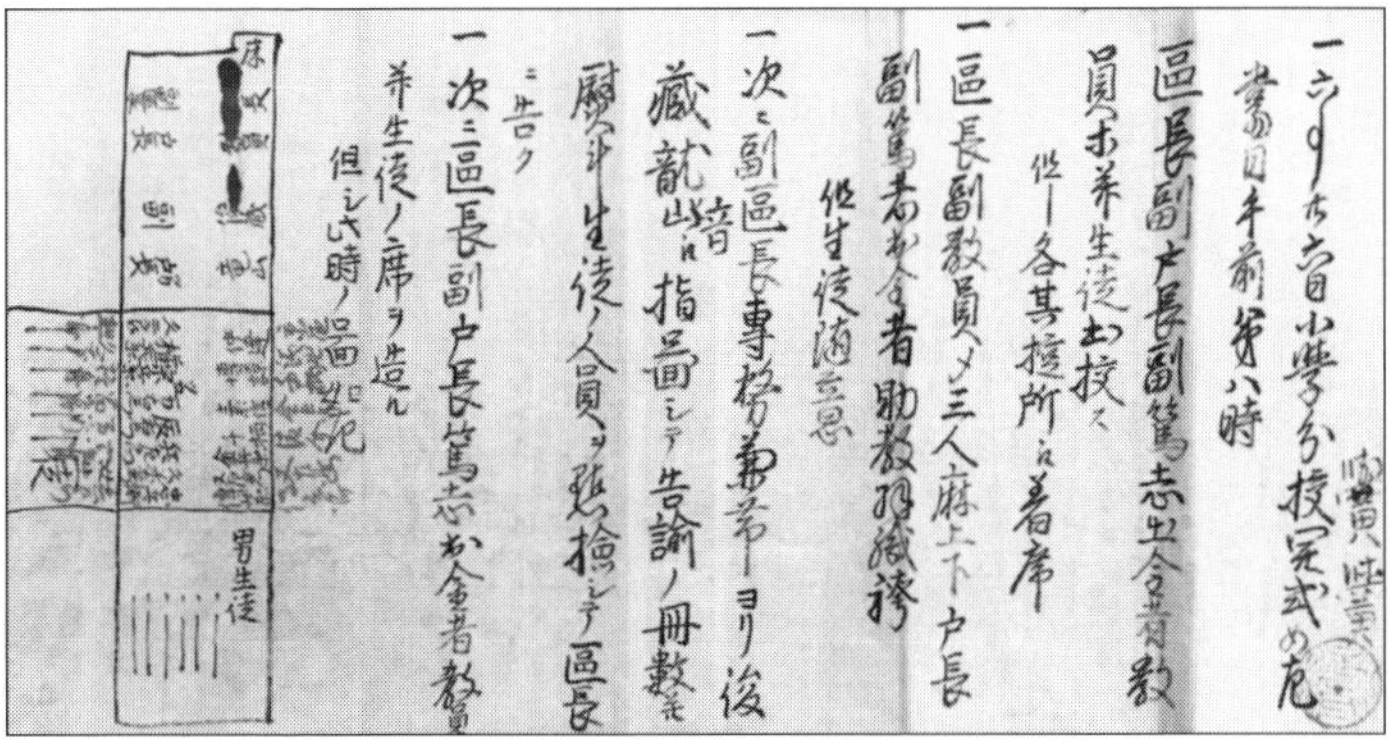

図56　「小学校分校開校式次第」
（川島俊明家文書。滋賀大学経済学部に寄託）

村と連合して、川並学校を設立した（『五個荘町史』第二巻）。

川島俊明家文書の中に、「小学校分校開校式次第」という文書（図56）が存在する。

一　六月二十六日小学分校開式如左
当日午前第八時
区長副戸長副篤志出金者教員並生徒出校ス
　但し各其控所江着席
一　区長副教員〆三人麻上下戸長
副篤志出金者助教羽織袴
　但生徒随意
一　次ニ副区長専務兼常ヨリ俊
蔵龍音江指図シテ告諭ノ冊数並
熨斗生徒ノ人員ヲ点検シテ区長
ニ告ク
（以下略）

そして、引き続いて参列者の座席が図示してある。

『五個荘町史』に「六月二十五日に川並学校設立」とあるので、書類上の設立日が二十五日であり、その翌日二十六日に開校式が挙行されたと思われる。

ここに「俊蔵」とあるのは、彦根から婿入りして寺子屋を継いで「俊蔵」を襲名した和蔵のことである。また、俊蔵と併記してある「龍音」とは、塚本村の青蓮寺内に寺子屋を開いていた住職の島津龍音のことである。川並・塚本両村の寺子屋が合併した形で、川並学校は生まれたことが理解できる。

また、俊蔵やその祖先が築き上げてきた川並の寺子屋や、塚本の寺子屋はこのとき廃業したことになるが、両校の師匠は尊重され、助教として引き続き子どもたちの教育に携わることになり、寺子屋は発展的な解消を遂げたと言える。なお、『五個荘町史』によると、「翌明治七年四月一日に塚本村が学校組合から分離したため、同校（川並学校）は川並一村の施設となり、第三〇番小学区川並小学校と称することになった」とある。

一方、塚本村側の史料として、この間の事情について述べたものがあるので、次に検証しておきたい。

4　塚本村青蓮寺の寺子屋

塚本村に島津龍音の寺子屋があったことは先に述べたが、この寺子屋について整理しておく。

文部省の『日本教育史資料』によると、郡山藩塚本村に天保元年（一八三〇）に開業し、明治七年

（一八七四）に廃業した寺子屋があった。学科は読書・習字・算術。生徒数は慶応元年（一八六五）現在、男四五・女二〇人。師匠は僧侶の島津龍音であった。

青蓮寺（東近江市五個荘塚本町）は、川島俊蔵の菩提寺福應寺と同じく、浄土真宗仏光寺派の寺院である。もとは天台宗で、観応元年（一三五〇）に焼失したのを、いつの頃か覚念法師が再建し、仏光寺派に転じたという。

第二十七世島津宏信師のご厚意で、寺に残っている「女大学」（二冊）や、現在も経机などに活用しておられる寺子用の机二脚を見せてもらうことができた。また、虫食いが激しくて処分したが、師匠用の大きい机もあったということであり、塚本の寺子屋は間違いなくこの青蓮寺内にあったと判断できる。

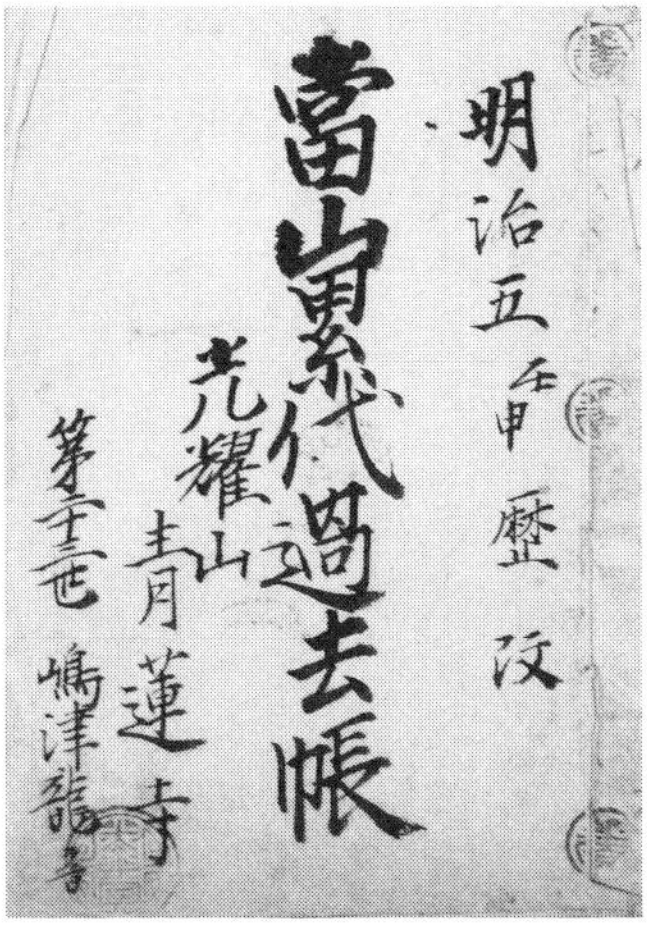

図57　「當山累代過去帳」（青蓮寺）

『日本教育史資料』や川島家の史料に名前が記されている島津龍音は、青蓮寺第二十三世である。龍音の没年が明治四十二年（一九〇九）であるので、寺子屋開業の天保元年（一八三〇）に龍音が師匠であったとは考えにくく、開業は龍音の師、第二十二世龍吟の代であったと考えられる。

さて、青蓮寺に、明治五年（一八七二）に龍音によって書き始められた「當山累代過去帳」（図57）なる住職の事跡簿がある。現住職宏信師のご了解のもと、「第二十三世龍音」の項を閲覧することができた。この項に、明治六年六月に川並村、塚本村連合の川並学校が発足し、翌明治七年に塚本村が離脱したいきさつが記されているので引用する。

此時（明治五年）都鄙庠序《しょうじょ》学校ヲ
開キ明治六年七月朔日川並村ニヲイテ開校アリ　此時
教授者二人置キ　其壱人ハ吾也　今壱人ハ川並川嶌俊造ナリ
両人筆道勤之　休業ハ月一六《いちろくト》定《さだム》
于時《ときにおいて》明治七年三月迠《まで》無《ぶ》叓《じ》出校仕ルヲ　諸郡戸数
割ヲ以テ一校凡ソ弐百余ト定ム　故ニ今川並村壱ケ
ニテ戸数足レリ　爰ニ縣廳ヨリ分校の布達頒布
ニナリ　當村石川市田三俣右四ケニテ凡ソ二百余ト
ナリ　是ノ目的ヲ以テ建校ノ規則トナリ　川並校舎
四月五日退校セリ　又此ノ学校當御堂ニ於テ
假ニテ付設　五月三日ヨリ勤出シテ教授セシム　第三大学区
第十番中学区第三十一番小学区　名《なづク》峻徳学校ト

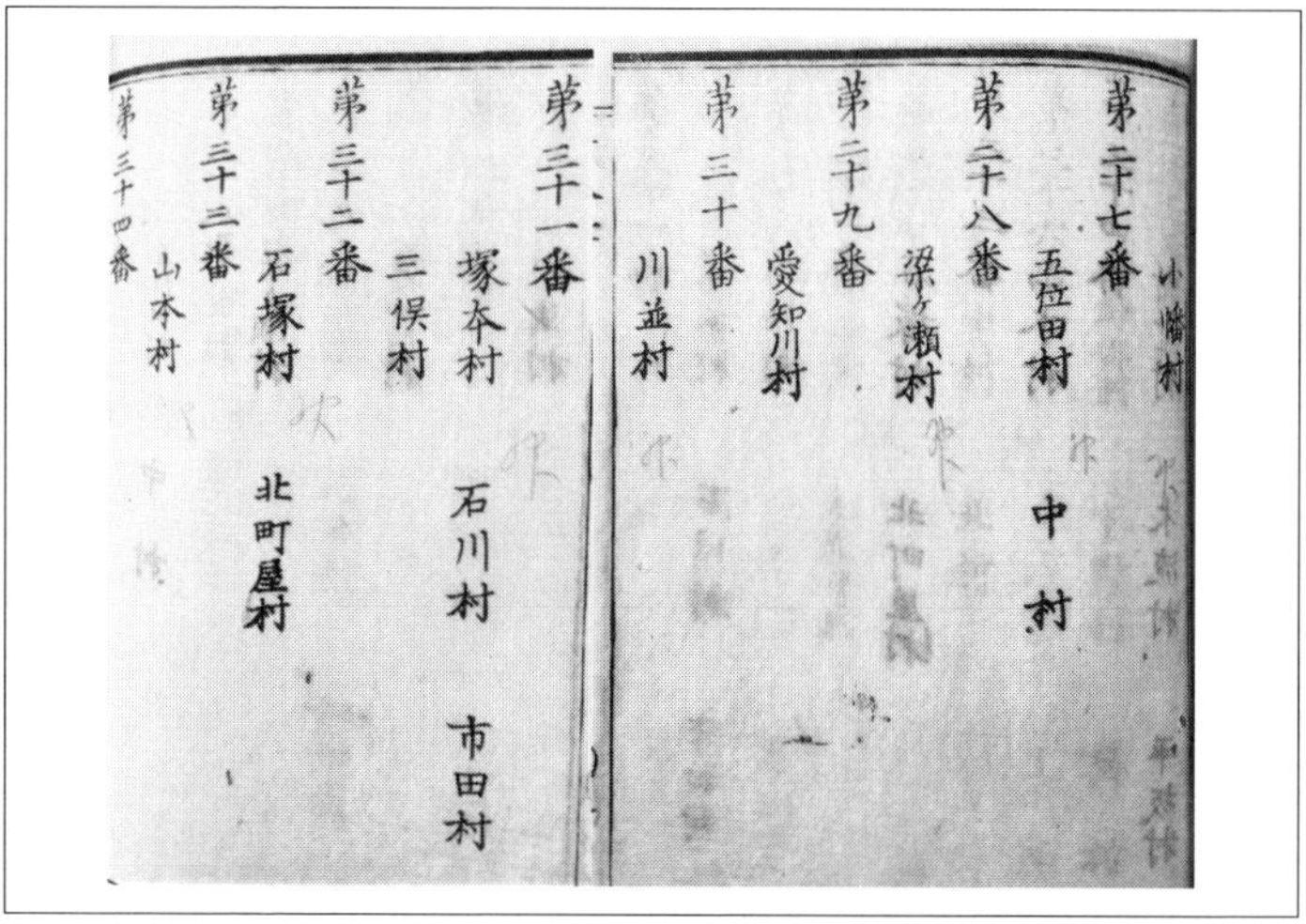
小幡村
第二十七番　五位田村　中村
第二十八番　梁ヶ瀬村
第二十九番　愛知川村
第三十番　川並村
第三十一番　塚本村　三俣村　石川村　市田村
第三十二番　石塚村　北町屋村
第三十三番　山本村
第三十四番

図58　明治6年11月5日　滋賀県令布達「小学校区の配置指令」
この指令に基づき、川並村と塚本村は分離した。
（滋賀県立公文書館蔵）

「明治五年に学制発布が行われ、全国に学校が開かれ、明治六年七月一日に川並村で開校された。教授者は二人で、一人は私であった。もう一人は川並の川嶌（島）俊造（蔵）であった。両名とも書道を勤め、休業は毎月一と六の日と決まっていた。

明治七年三月まで無事勤め終わったところ、各郡において一校約二百戸を単位とすることが決まった。川並村一村だけで戸数は足りていたので、県庁より、分校せよと通知があり、塚本村・石川村・市田村（現在の五個荘竜田町の一部）・三俣村の四か村でおよそ二百戸になるので、ここに学校を建てることとなった。そこで塚本村の子どもたちは川並学校を四月五日に退校した。そして新しい学校を青蓮寺の本堂に仮設し、五月三日より授業を行った。第三大学区、第十番中学区、第三十一番小学区、校名を峻徳学校とした」。このような内容である。

このことについては滋賀県立公文書館に残る、図58のような小学校区分を示す資料があり、龍音の事跡簿通り、川並学校設立後、県により小学校設立の基準が示され、川並、塚本の連合が解消されたものと判断する。

なお、龍音の記述に「明治六年七月朔日川並村ニヲイテ開校アリ」とあるのは、六月二十六日に開校式があり、本格的に授業が行われたのが、七月一日であったと思われる。

図59　「明治七年十二月　峻徳黌」の文字のある塵取り
（青蓮寺蔵）

■峻徳学校の名称について

さて、この龍音の事跡簿の中の、「第三大学区第十番中学区第三十一番小学区　名《なづク》　峻徳学校ト」という記述に関して、今少し考察をしておきたい。

川島家には、《川並の寺子屋には俊蔵の名にちなんで「峻徳校」という名前があったが、塚本の寺子屋にその名前を贈った》という口伝がある。しかし、文部省の『日本教育史資料』には、川並の寺子屋の名称欄にも、塚本の寺子屋の名称欄にも記載がない。口伝というものは証拠がない限り事実とは判断しにくいのであるが、ここにもう一つ青蓮寺に残っている史料がある。子どもたちが学習を終えて掃除をするときに使用したであろう木製の塵取り（図59）であるが、その裏面に「明治七年十二月　峻徳黌」と墨書してあるのである。

龍音の事跡簿にもあるように、明治七年出発した小学校の名称が「峻徳学校」であったことは、この塵取りも証明している。

一方、川島家の口伝についてはどうであろうか。川島家の寺子屋の名称が「峻徳校」であったとすると、後に触れるように、川島家の人々は寺子屋廃業の後も、先祖が寺子屋師匠として積み上げてきた業績を誇りと感じてきたので、この校名は宝物であったに違いない。

明治の初めに各村で発足した小学校には、「川並学校」以外は、金堂村に「明新学校」、宮荘村に「憲章学校」、山本村に「啓発学校」というように、設立当時の人々の学校に対する願いが込められた名称が見られる。島津龍音が県の命令によって川並から離脱して新しい学校を設立するにあたって、川島家の宝物とも言うべき名称を贈ったとすると、川島家と青蓮寺の絆はたいへん強かったことが分かる。川島家の菩提寺が仏光寺派の福應寺であったことを考えると、この口伝も根拠のない話ではないであろう。

5　五個荘地域の学校設立の特徴

早期に設立

先に述べたように、川並村では、滋賀県が小学校設立の基準を示す布達を行う前に、すでに川並学校が設立されたが、五個荘地域の小学校設立は、滋賀県内においても非常に早かった。『文部省年報

表6　小学校設立年（校数）

年　度	滋賀県	五個荘
明治4年	1	0
明治5年	4	0
明治6年	68	4
明治7年	158	2
明治8年	337	1
明治9年	130	0
合　計	698	7

第四（明治九）第二冊』には、全国各府県の「公立小学校表」、「私立小学校表」が掲載されている。この表の滋賀県の学校ごとの「設立年」を集計してみると、表6のようになる。なお、明治九年には、旧若狭国も滋賀県の統計に計上されているので、総数八五〇校から若狭の一五二校を引いた六九八校を、滋賀県の小学校数とした。

滋賀県で最も早く設立されたのは明治四年（一八七一）、坂田郡西本町に設立され、「滋賀県第一学校」と言われ、後に長浜神戸町に洋風校舎が新設された「開知学校」である。また、学制発布のあった明治五年には、犬上郡高宮村の先鳴学校（滋賀県第二学校）、犬上郡上小道具町の調蒙学校、坂田郡柏原村の開文学校、高島郡海津町の興化学校の四校が設置されている。

明治六年、学制発布に伴う滋賀県布達が十一月に出されるが、その年に県内で六八校が設立されている。これは明治九年までに設立された学校の一割弱に当たるが、五個荘地域に限って見てみると、明治九年までに設立された七校中、山本村に石塚・北町屋・山本・新堂・木流《きながせ》の五村連合小学校（後の「啓発学校」。図60）、宮荘村に宮荘・五位田・簗瀬の三村連合小学校（後の「憲章学校」。図61）、金堂村に「明新《めいしん》学校」（図62）、川並村に川並・塚本連合の「川並学校」（図63）が明治六年の四月から六月にかけて、つまり滋賀県布達以前に設立されている。

『日本教育史資料』等の資料によると、江戸時代に、宮荘村（旧、北庄村）、金堂村、川並村にはその村に、山本村には隣の北町屋村や木流村に、立派な寺子屋があり、その寺子屋を卒業した後、全国に出かけて成功した近江商人を大勢輩出している。明治六年に設立された四校以外では、明治七年に位田村（現、五個荘竜田町の一部）に「至若《しじやく》学校」（位田・小幡・中の連合）、七里村に「里仁《りじん》学校」（七里・日吉・石馬寺連合）が、明治八年には奥村に「奥村学校」が設立されたことが、『文部省年報　第四』に記載されている。

川並村の「川並学校」は先に述べた通り、俊蔵の寺子屋と、塚本村島津龍音の寺子屋が発展的に連合して川並村に設立され、明治七年には川並から分離した塚本村に塚本・石川・市田・三俣連合の「峻徳学校」が設立されたのであるが、この『文部省年報　第四』には、「峻徳学校」についての記述は見られない。

近江商人や村人の学校建設と支援

明治五年の学制発布は、予算上の裏づけが十分になされないままに行われたため、公立学校とはいえ、篤志家の浄財に依拠しなければならなかったと言われている。

明治六年に民家や寺院に仮住まいして設立された五個荘地区の小学校のうち、宮荘学校が明治七年に、金堂学校が明治九年に、川並学校が明治十年に校舎を新築しているが、いずれもその村出身で成功を遂げ、地元の戸長や学校の学事担当として活躍していた近江商人が中心になり、義捐金の募集が行われた。それぞれの村で集まった義捐金は、後掲の通りである。

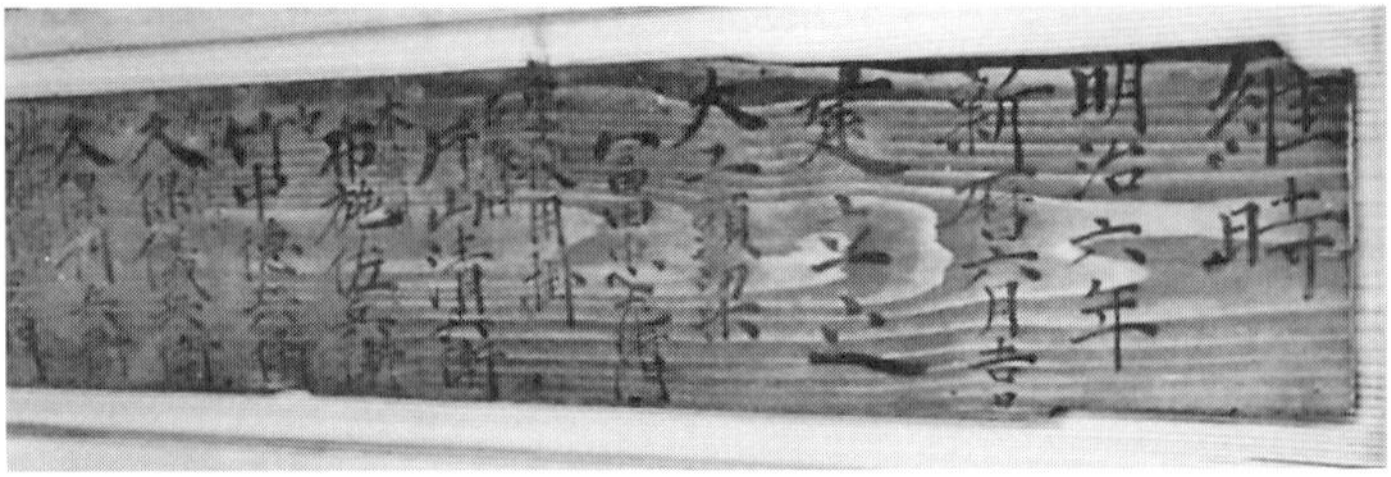

図60　啓発（山本）学校棟札　山本学校校舎は昭和18年に全焼し、史料はすべて焼失したが、火災時、校舎外にあった棟札だけは残った。明治６年に起工したことが窺える。
（近江商人屋敷　藤井彦四郎邸蔵）

図61　旧憲章学校正門（現在の齢仙寺山門）　この門は、江戸時代、金堂地区にあった郡山藩の陣屋の門であったものを、明治４年の廃藩置県後、憲章学校に払い下げられ、明治40年の校舎改築の際、齢仙寺が買い上げて今日に至っている。

図62　明新（金堂）学校看板　金堂地区にある弘誓寺（浄土真宗東本願寺派）の敷地内に建設された校舎に、明治９年に掲げられた看板である。
（近江商人屋敷　藤井彦四郎邸蔵）

図63　川並学校校舎　明治６年開校当時、民家に仮住まいしていた川並学校は、校舎を新築し、明治10年に完成した。
（近江商人屋敷　八年庵蔵）

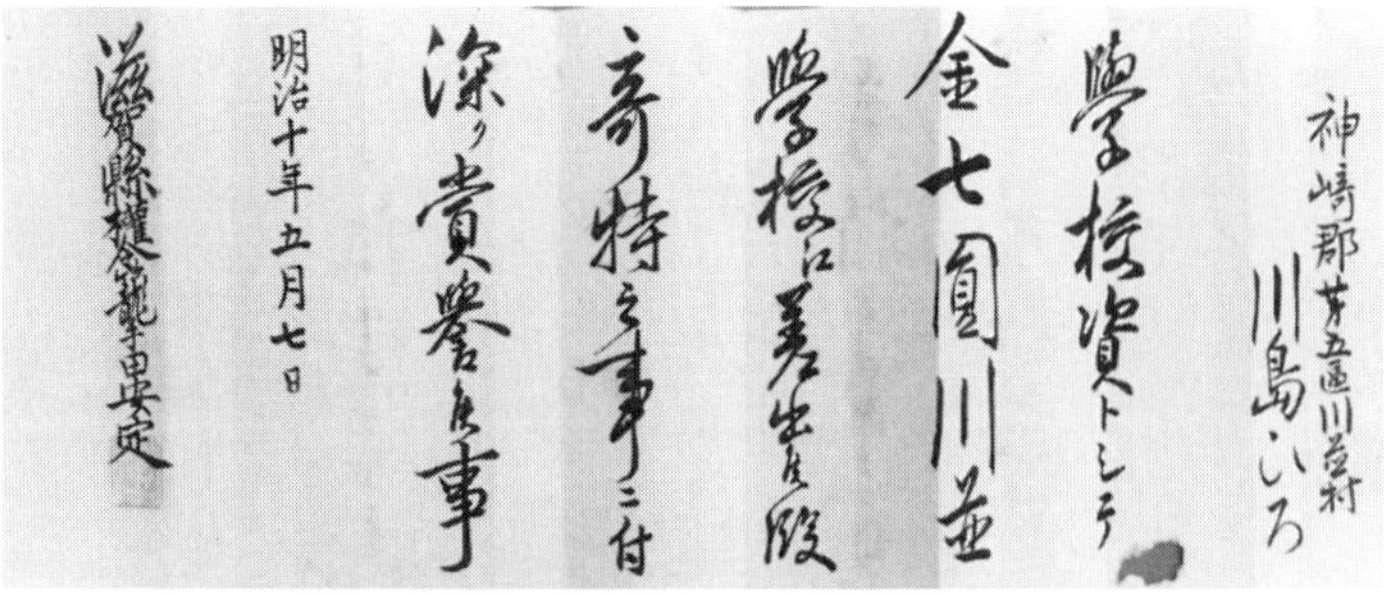
神崎郡第五區川並村
川島ひろ
學校資トシテ
金七圓川並
學校江差出候段
奇特之事ニ付
深ク賞誉候事
明治十年五月七日
滋賀縣権令籠手田安定

図64　県令感謝状（滋賀大学経済学部に寄託）

宮荘学校義捐金	三、七九八円七五銭
金堂学校新築総額	四、六三八円三八銭七厘五毛
川並学校義捐金	三、三九〇円

（各学校沿革史より）

三村とも、商人として成功した人々がかなりの金額を寄付しているが、小口の義捐金を集めて「○○惣中」として団体で寄付をしている人たちもいて、寺子屋のあった江戸時代から教育の大切さを理解している多くの村民が、力を合わせて新校舎を建設したことが窺われる。

川島家、川並学校に資金提供

この時期の事情を物語る川島俊明家の文書がもう一つある。「川並学校資金差出ニ付褒状」と題された文書である。これは明治十年五月七日付で、俊蔵の愛娘ひろが川並学校に「金七円」を寄付したことに対しての、県令籠手田《こてだ》安定《やすさだ》から贈られた感謝状（図64）である。

『五個荘町史』には、川並学校と同様、早期に明新学校を建てた金堂村が、明治十二年（一八七九）に「学校維持基本金」を設けることを定め、基金二千円を運用し、その利子で学校の維持管理に充てることとした、と記されている。

川並村の事情も金堂と同様であったと考えられるが、川島ひろの寄付はそのような学校維持のための基金の一部となったのではないかと考える。川島家が開設していた寺子屋が発展した形で設立された川並学校の行く末に対して、川島家の人々がいかに強い期待を持っていたかを示す資料である。

6　俊蔵の弟子、塚本定次

川島俊蔵は多くのすぐれた近江商人を育てたが、その一人、塚本定次《つかもとさだじ》（図65）という人物を紹介しておこう。

俊蔵の弟子、紅屋（現、ツカモトコーポレーション）二代目、塚本定右衛門《さだえもん》定次（文政九年〈一八二六〉～明治三十八年〈一九〇五〉）は、彦根藩の家老であった岡本黄石《おうせき》の紹介で、明治二十一年（一八八八）勝海舟を訪問し、以後十年余り交流している。勝海舟の晩年の回顧録『氷川清話』には、「塚本定次」として紹介されている。その原文を少し長くなるが引用してみたい。

田舎にはまだ本気の人がいる。おれの知っている人にも、この種の人がたくさんあるが、江州の塚本定次といふ男は、実に珍しい人物だ。数万の財産を持って居りながら、自身に報ずること

図65　塚本定次（『紅屋三翁』より）

は極めて薄く、いつも二子《ふたこ》の羽織と同じ着物で居て、ちょっと見たところでは、たゞ田舎の文盲な親父としか思われない。始終おれのところへいろいろの話を聞きに来るが、このあひだもやってきて「私も近頃図らず四万円ばかりもうけましたが、せっかくの利得ですから、何とか有益な事に遣はうと存じますけれど、自分ではどうもよい判断がつきかねますから、わざわざ御相談に参りました。まづ私の考へるところでは、その一半を学校の資本に寄付して、その一半は番頭らに分配してやるつもりです。もともと私の利得は決して私の力でなく、その実みな番頭や、手代らが真実に働いてくれました結果ですから、それぞれその年功の順序多少に従うて、分けてやるのが至当だらうと思ひます」と言ったので、おれもその考への尋常でないのに感心して賛成してやった。

文章はまだ続くが、荒地に桜を植えて村人の娯楽に供したという話や、弟正之と共に山林のために五万円を県に預けたという話など、公共のために財産を惜しむことなく投じている姿を、海舟は畏敬の念を持ちながら紹介している。

先に述べたように、川並村では明治十年に川並学校を新築しているが、このときの「義捐者名簿」が、『川並学校沿革史　第一篇　参』に掲載されている。その中で塚本定次は、新築費として二六〇円、維持費として五〇〇円、合計七六〇円を拠出し、定次の弟正之が、新築費として一一〇円を拠出している。

このときの義捐金総額は、三、四三三円余であるので、兄弟二人の拠出総額八七〇円は、義捐金全体の約四分の一に相当する。海舟の『氷川清話』に見える、「四万円の一半を学校の資本に寄付」という記事は、文面からは定次の晩年のことと推測されるので、明治十年の寄付とは別の話であろう。学校新築に際して、義捐金を受け取った学校側の記録にも、定次兄弟から多額の寄付があったことが記されている。

このように、公共に奉仕する定次の考え方は、父の初代定右衛門定悦《じょうえつ》など、先輩近江商人の商業理念の影響のもとにも培われたであろうが、俊蔵の、『寺子教訓掟書』や「五常之解」などを通じて、寺子たちに公の心を育もうとした教育が、定次の心に反映したことは間違いないと考える。冒頭述べたように、定次が、俊蔵を偲び歌碑（寺子塚）を建立しているのは、このような、心の師俊蔵に対する深い感謝の念からであったと考える。

また、定次の子息である三代目塚本定右衛門定治《さだじ》（文久元年〈一八六一〉～昭和二十三年〈一九四八〉）は、初代定右衛門が文化九年（一八一二）に商いを始めた山梨県で大規模な水害が起こったことに心を

図66　塚本山石碑
（ツカモトコーポレーション資料館聚心庵提供）

痛め、創業百年目に当たる明治四十四年（一九一一）、山梨県に治山工事に資する一万円の寄付をしている。山梨県はこのことに深く感謝し、治山でよみがえった山を「塚本山」（図66）と命名した。この名前は今も地形図上に記されている。

文久元年（一八六一）生まれの三代目定右衛門も、俊蔵の教育を幼少期の数年間受けた可能性はあるが、公共に奉仕する心を俊蔵から十分学ぶまでには至っていなかったと考えられ、この心はむしろ、父定次の背中や、多くの近江商人の姿に学びながら身につけていったと思われる。父が俊蔵に学んだことは間違いなく、世代を超えて引き継がれた近江商人の心の育成に、俊蔵がなお一役を買っていたことは間違いないと考えられる。

四十年間教育に携わってきた私自身の立場から、現在行われている教育が、俊蔵などの寺子屋師匠たちが行った子どもの心を育む教育に、果たしてどの程度迫れているか、反省してみなければならないと痛切に感じているところである。

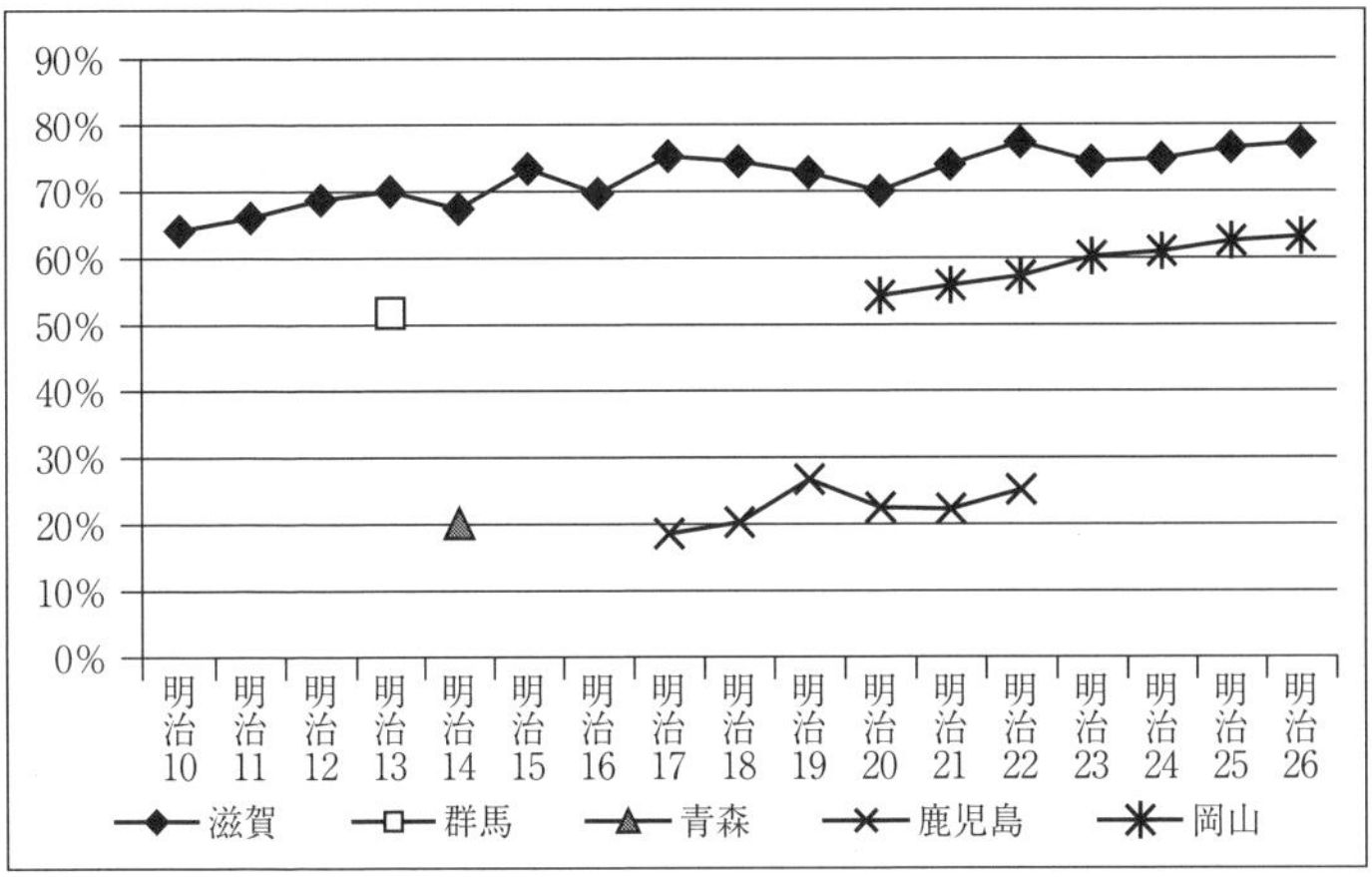

図67　明治前半の識字率（自署率）

7　近江商人と共に発展した近江の教育

今、本書の作業に一つの区切りがつき、つくづく感じるのは、五個荘地域の教育は近江商人を育て、そして近江商人によって支えられながら発展してきた、ということである。

五個荘という狭い地域に一〇か所の寺子屋があり、それらが全国や、滋賀県全体と比べて早期に開設され、しかも大勢の寺子を集めている。また、算術を教えている寺子屋の比率が「全国的には二十一パーセントであるのに対して、五個荘地域では七十パーセントとかなり高い」（『五個荘町史』）という事実は、いかにも近江商人発祥の地らしいではないか。

また、近江商人の家訓や、石門心学の理念を反映した俊蔵の『寺子教訓掟書』が存在することも、この寺子屋が近江商人を育てた教育機関であったことをはっきり物語っている。

一方、五個荘に限らず、近江全体の寺子屋教育は、全国的に見てかなり充実していた。東北大学大学院教授の八鍬友広氏の論文「近世社会と識字」（『教育学研究』第七十巻第四号）、「19世紀末日本における識字率調査」（『新潟大学教育学部紀要』第32巻第1号）や同氏の編著になる『識字と読書』（松塚俊三共編、昭和堂）などにより、滋賀県の明治の早い時期の識字率（六歳以上の県民の中で自分の名前を自ら書ける者の比率―自署率）が、男子は九〇パーセント前後、女子は四〇パーセント前後と、非常に高かったこと、そして商工業者の占める比率が高い地域では自署率が高いこと、などが明らかにされている（図67）。

明治の早い時期の識字率は、文部省の教育政策の効果というよりは、江戸期の教育の影響のあらわれと見るべきであろう。したがって滋賀県の識字率の高さは、近江商人の活躍とともに発展してきた、近江の寺子屋教育の充実ぶりが生み出したものと考えて間違いないと思う。

8　明治はじめの行政のリーダーシップ

八鍬論文にならい、国立国会図書館のホームページから、明治期の『文部省年報』の記録に実際に当たってみた。滋賀県においては明治十年から二十六年までの十七年間にわたって毎年、識字率を調べていた。文部省は、明治十年の『文部省年報』において、滋賀県のこの調査を次のように高く評価し、他府県にも広がるよう督励している。

尚茲ニ附載スヘキ一項アリ　本年滋賀県ニ於イテ六歳以上ノ男女ニシテ自己ノ姓名ヲ書シ得ル者ト得サル者トヲ調査セシニ　男二十九万七千八百六十六名　女二十九万九千六百三十九名あり中　其姓名ヲ書シ得ル者ハ男二十六万零七百九十三名　女一十一万六千一百六十五名アリテ　即男ハ毎百名ニ八十七名五分五厘　女ハ毎百名ニ三十八名七分六厘比例ナリト云フ　又不就学学齢児童五万三千八百三十三名中一旦修学セシ者ヲ調査セシニ　一万三千四百六十三名アリ　之ヲ不就学児童ノ数ニ比例スレバ百人中二十五名一分ナリト云フ　其他ノ地方ハ此開申ナキヲ以テ未タ其数ヲ詳ニスル能ハス　若シ各府県皆之ヲ調査スルノ期ニ値ハバ文運ノ進度ヲ測知スルノ便ヲ世上ニ与フルコト蓋少小《（ママ）》ナラサルベシ

（『文部省第五年報』〈明治十年〉第一冊、一五頁）

このような調査はかなりの労力や財政的負担を伴ったと考えられ、文部省の勧めがあるにもかかわらず、実際に調査をしたのは、明治十三年の群馬県、明治十四年の青森県、明治十七年から二十二年の鹿児島県、明治二十年から二十六年の岡山県のみであった。

このように、それらのどの県と比較しても、滋賀県の識字率は圧倒的に高いものであった。

一方、滋賀県では、右の文部省の文書の後半に述べられているように、一旦修学した者の中で途中から修学しなくなった児童の数を調査分析し、子どもたちに与えられている教科書等が、果たして子どもの実情から見て適切であるのかどうかという課題を、提起しようと試みている。

これらの調査は、教育に造詣の深かった滋賀県二代目県令籠手田《こてだ》安定《やすさだ》の、教育改善への並々ならぬ熱意によって進められたが、滋賀県の行政は、文部省の教育行政へも影響を及ぼすような、パイオニア的な役割を果たしたのも事実である。

県行政のリーダーシップは、もともと高かった滋賀県民の向学心にさらに刺激を与え、明治十三年における滋賀県の就学率は、全国第八位、就学者の中に占める女子の比率は、実に全国第七位という上位に位置している。

あとがき

五個荘川並町に住み、教育に携わってきた私は早くから、「江戸時代の川並に寺子屋があり、その師匠の子孫たちは寺子屋当時の建物を大切に保存しながら、その中で暮らしている」という話は知っていた。しかし、気にはなりながらも、県立学校や県教育委員会に勤務していた二十歳代から四十歳代の時期は、私にとって眼の前の教育課題以外に目を向けるゆとりがなかった。五十代の後半、退職の日が見えてくるようになりはじめ、自分の辿ってきた教育の道を検証しなおし、将来の教育に思いを託そうという気持ちが起こってきた。

私は昭和四十八年に、滋賀県立大津商業高校で教員生活をスタートした。そこで教員生活の基本についてある程度理解できつつもなお、教育の奥深さに戸惑いを感じていた。その二十歳代後半から三十歳にさしかかったころ、それまで困ったことがあれば必ず相談にのっていただいた川道博先生という大恩人から、慶應大学名誉教授で教育学者村井実氏の『善さの構造』と、『教育を私たちの手に』という二冊の本をいただき、それらを読みふけったことがある。「人間であるかぎり生まれついてだれでも《よさ菌》（善くなろうとする働き）をもっている」という村井氏の人間観は、それ以後、私の教員生活の心の支えとなっていた。

まもなく教員生活を締めくくる時期にさしかかり、もう一度村井氏の著書を読み直しながら、自己の三十年余にわたる教員としてのつたない取り組みを振り返ることにした。その一方で、村井氏が広島文理科大学で研究を重ねていたペスタロッチについても、大学卒業以後に断片的にしか触れることができていなかったので、この際、少し落ち着いて学び直してみることにした。

このような中で、感じたことを少しまとめておきたい。

まず、日本の寺子屋が果たした歴史的意義についてである。

フランス革命の動きがスイス地方にも及び、革命戦争の中で孤児となった子どもたちの教育のために、一七九八年、シュタンツの孤児院に派遣されたペスタロッチ（一七四六〜一八二七。図68）は、心が傷ついた子どもたちに、深い愛情を注いで見事な教育活動を展開する。しかし、残念ながら引き続く戦乱の中で、その活動は六か月で終了し、その後、彼は一七九九年、ブルクドルフで本格的な学校教育を開始し、ヘルバルトなど心ある教育者たちに強い影響を与えたのであった。「国民教育の父」と呼ばれているペスタロッチの、貧しい子どもたちへの教育に対する情熱と、渾身の実践に改めて感動しながら振り返っているうち、ふと、この時期の日本の教育はどうなっていたのか、という疑問に撞着した。

そこで、このときようやく、わが郷土川並に寺子屋があったことを思い出したのである。

ペスタロッチがシュタンツやブルクドルフで子どもたちの教育を始めた十八世紀末には、川並村に宝永年間（一七〇四～一七一一）に開かれた寺子屋がすでにあり、それどころか、五個荘地区には、木流村《きながせ》に寛永十七年（一六四〇）に梅迺舎《うめのや》という寺子屋が、また北庄村（宮荘）には元禄九年（一六九六）に時習斎《じしゆうさい》という寺子屋が開業され、多くの寺子を集めていた。また、ペスタロッチが学校教育を始めたのとほぼ同時代の文化二年（一八〇五）には、五個荘地区に四つ目の寺子屋が金堂村に誕生していることを確認した。そしてこれが動機となって、どうしても寺子屋について調べたいという衝動にかられたのである。

川並の寺子屋師匠川島俊蔵の子孫である川島俊明氏は、幸いにも、私が住職をしている寺の檀家の親戚であるので、川島家が滋賀大学に寄託している文書や、川島家の過去帳の閲覧について快く了解していただいた。

そこからは、調べれば調べるほど闇の中へと向かっていくような悪戦苦闘の繰り返しであったが、徐々にこの地域の寺子屋の姿や、郷土の歴史に果たした役割などについて輪郭が見えてくるようになった。

ロバート・N・ベラー（一九二七～二〇一三）が『徳川時代の宗教』（岩波

図68　ペスタロッチ胸像　この像は昭和43年に、滋賀県教育会が県の小中学校に配布したものである。
（五個荘小学校蔵）

文庫）の中で、「非西欧諸国のなかで日本だけが、近代産業国家として自ら変革するために、西欧文化から必要とするものをまったく急速に摂取した。この成功は、日本人がもっていると思われている何ほどかの神秘的な模倣能力によるのではなく、前近代の時代において、すでに後の発展の基礎を準備したいくつかの要素によるものだ」と述べ、江戸時代の日本の思想史を分析している。

その分析の対象範囲はたいへん広く、同書の「第五章　宗教と経済」の「商人階級の経済倫理」では、『神崎郡志稿』という滋賀県の一地域史資料までも渉猟し、江戸時代の近江商人の商業倫理についても、詳しく言及している。

いま、寺子屋についての検証を行いながら、読み・書き・そろばんの、基礎・基本を徹底した寺子屋での教育が、明治初めの識字率（自署率）に寄与していたこと、川島俊蔵のように、神儒仏崇敬の心を子どもたちの心に育んだ寺子屋師匠がいたこと、それらが相俟って、商才と公共の心を備えた、多くの近江商人を育てる原動力となってきたこと、そして、さらにその近江商人たちが、明治以降の学校づくりに大きく関わってきたことなどを、ベラーの問題提起に学びながら考察すると、わが国が、明治以降近代国家として急速に成長したことに対して、寺子屋の教育が果たした役割が、極めて大きなものであったように思われる。

社会が急速に変化していく現代において、自然への畏敬の心、自他の命を尊ぶ心、人との関わりに重きを置く心が極めて希薄化し、地域や家庭の在り方に関わる新たな問題が噴出している。一方で科学技術の進歩は著しく、たとえば、ＳＮＳの発達が子どもたちの日常のコミュニケーションに大きな影響をもたらし、さらには人工知能がまもなく人間の知能を超える時代が来ると言われている。

現代社会の目まぐるしい変化に目を奪われ、よりよい人間の生き方や教育の在り方についての方向を見失いつつあるという現状に、強い懸念を抱いているのは、私ばかりではないであろうと思う。このような激動の時代にこそ、封建時代から、西欧文化の激流が押し寄せた日本の近代への変化の時代に、優れた人材を世に送り出した日本の寺子屋での教育の成功に、じっくりと学びながら考えてみることも大切ではないかと考える。

読み・書き・そろばんの習得が徹底され、寺子屋が培った基礎学力は、その後の子どもたちに何をもたらしたのか。神儒仏崇敬の教えを基に、人間の生き方の指針を与えた寺子屋の教育は、どのような若者の心を育んできたのか。古いものの価値を忘れてしまう傾向のある現代に、愚直に、「基礎・基本の徹底」と、「心を育む教育」という座標軸を用いて、今行われている教育の分析を行い、今後の教育の在り方を考えることが急務であるように感じるのである。

稿を閉じるにあたってもう一つ、新しい時代に向かって動き出そうとする時代の精神を敏感に察知して、子どもたちを育み支えてきた寺子屋師匠の心意気というものについて述べておきたい。

ペスタロッチはフランス革命の直前の一七八〇年に『隠者の夕暮れ』を著しているが、その冒頭に、「人は玉座にあっても、藁屋根の下に住んでも、本質において同じである」と述べている。この人間観は彼の生涯にわたって貫かれた。そして、王侯貴族など特権的な人々の子どもにのみ与えられていた教育の恩恵を、貧しい人々の子どもたちにも施されなければならないとして、さまざまな苦難を乗り越えながら教育活動を実践してきたのである。

村井実氏は、著書『いま、ペスタロッチを読む』の中で、学生時代の「胸のいたむ記憶」として、このペスタロッチの言葉を翻訳するのに、「昭和一七、八年当時、日本では《玉座》と訳すことが許されなかったのである。（それが）《王座》として始めて許されたのである」という述懐をしている。戦時下の日本で、教育研究者が翻訳するのに苦労をしたこの言葉を、フランス革命前の旧体制が支配するヨーロッパにおいて、果敢に発言したペスタロッチには、厳しい批判を受け止める「覚悟」と、強い「信念」があったであろうと想像される。

今回、寺子屋教育の時代を知る方法の一つとして、本書では、江戸時代の思想的背景を少し参考にしてみた。そんな中、鈴木正三が「四民日用」を説き、石田梅岩が「商人の賣利は士の禄に同じ」と主張し、白隠が「宮もわら屋よ　わら屋も宮よ　主心一つが潮ざかひ」と述べて、庶民の心を支える活動を行っているが、身分制を前提とする封建社会でこれらの発言をするのには、身を以て練り上げた胆力に裏づけされた「覚悟」というものがあったのではないかと思う。

また、高橋敏氏はその著『江戸の教育力』において、「寺子屋師匠は百姓町人の子どもが《学文》、読み書きを学ぶことを正当化してくれる金科玉条を探し求めていた」と述べている。おそらく江戸時代、民百姓に読み書きを教えることを揶揄する考えもあったのであろう。師匠たちは、当時、そのような批判者も人倫を学ぶ原典としていたに違いない『論語』の中に、孔子が若者に「学文」を強く勧めている件があることに着目したことを、高橋氏は紹介している。

六　子曰く、弟子入りては則ち孝、出でては則ち悌たれ。謹みて信、汎く衆を愛して仁に親づけ。行いて余力あらば、則ち以て文を学べ。（『論語』加治伸行訳注、講談社学術文庫より）

『論語』学而第一

「親に孝　兄弟仲良く　他人には信と仁　という自らの本分を尽くした上で、余力があれば本を読め」というこの件を集約した「余力学文」の四文字が、師匠たちのモットーとなった。駿州駿東郡吉久保村の寺子屋師匠湯山文右衛門の家には、寺子であった書家の揮毫した「余力学文」の扁額があるという。この師匠たちの心意気を示す「余力学文」という言葉の流布、普及が親の教育熱を刺激し、寺子屋の隆盛につながった一面も無視できない、と高橋氏は言う。

つまり、このような寺子屋師匠にも、自らの使命を遂行し、批判に対応する強い「意志」と「覚悟」があったのであろうと考えるのである。

川島俊蔵は、自らの教育理念などを直接語るような資料は残していない。しかし、すでに述べてきたように、残っている資料を検証してみるだけでも、常に自らも学ぼうとする心を失わず、幕末の激しく揺れ動く社会情勢の中で、淡々と子どもたちに読み・書き・そろばんを教え、粛々と子どもたちの心を育て、次の時代に活躍する弟子たちを育ててきたのである。そこには俊蔵の並々ならぬ教育理念が見えるように感じられ、俊蔵もまた、「覚悟」と「信念」の人であったと確信して疑わないのである。

宝永年間に始まり、百七十年に及んだ川並の寺子屋の歴史は、川島家の師匠たち自身が常に旺盛な意欲で研鑽を重ねた歴史そのものであり、子どもたちに最良の教育を施そうという努力の積み重ねであった。そして、その積み重ねの中で、五個荘の川並から多くの人材が世に出たこと、さらにこの寺子屋の歴史が、明治以降の近現代の教育史約百五十年の礎となっていることが、川島家の人々の心の支えとなっていたが故に、今日なお寺子屋当時の建物を大切に保存し、膨大な文書を丁寧に保管してきたのであろうと思う。

教育に携わってきた私にとって、たいへん魅力的な「寺子屋」の問題に、直接触れながら学ぶ機会が得られたのも、これら先人の努力のお蔭であると思う。

ここに、これまで連綿と積み上げてこられた川島家の人々の努力と、私の願いに快く自宅や資料を開示していただいた川島俊明氏の寛容な心に、深甚なる敬意と衷心からの感謝を申し上げたい。また、川島俊明家との姻戚関係にあり、私の住する乾徳寺の古い檀家でもある五個荘塚本出身の近江商人、川島宗兵衛家の現当主川島民親氏には、調査を行うに際してさまざまなアドバイスをいただき、また今回の出版に関わり多大なご資助をいただいた。併せて心からの謝意を表したい。

執筆途上では、滋賀大学経済学部附属史料館元館長の宇佐見英機氏には、「三方よし」など近江商人の商業理念についてご見解をお示しいただき、滋賀大学名誉教授木全清博氏には、各種資料の取り扱いの厳密性について、ご自身の論文をお示し下さり指導いただいた。両氏に深謝申し上げる。

一方、東嶺圓慈研究の第一人者、花園大学名誉教授西村惠信師からは、寺子屋師匠の指導の背景に流れる、「神儒仏一致」という江戸時代の精神史の潮流についてご助言をいただき、取り組みに厚みを持たせていただいた。加えて、推薦の辞をお寄せいただき華を添えていただいた。衷心より感謝を申し上げたい。

最後になるが、法藏館社長西村明高氏、統括（編集長兼務）戸城三千代氏には、今回の出版の機会を与えていただき、ご支援をいただいた。併せて御礼を申し上げ擱筆する。

■参考文献

『日本教育史資料』文部省、明治二十三〜三十五年
『神崎郡志稿』滋賀県神崎郡教育会、昭和三年
『五個荘町史』五個荘町、平成六年
『八日市市史』八日市市、昭和六十一年
『東近江市史　能登川の歴史』東近江市、平成二十五年
『日本庶民教育史』石川謙（玉川大学出版部）一九九八年、新装版
『日本庶民教育史』乙竹岩造（東京目黒書店）昭和四年
『江戸の教育力』高橋敏（ちくま新書）二〇〇七年
『江戸の教育力』大石学（東京学芸大学出版会）二〇〇七年
『日本人を作った教育』沖田行司（大巧社）二〇〇〇年
『藩校・私塾の思想と教育』沖田行司（日本武道館）平成二十三年
『近世民衆の手習いと往来物』梅村佳代（梓出版社）二〇〇二年
『往来物の成立と展開』石川松太郎（雄松堂）一九八八年
『識字と読書　リテラシーの比較社会史』松塚俊三・八鍬友広編（昭和堂）二〇一〇年
『日本人のリテラシー1600―1900』リチャード・ルビンジャー、二〇〇八年
『外国人が見た近世日本』山本博文他（角川学芸出版）平成二十一年
『蒼頡たちの宴』武田雅哉（筑摩書房）一九九四年
『訳注淮南子』池田知久（講談社学術文庫）二〇一二年
『淮南子の思想』金谷治（講談社学術文庫）一九九二年
『いろはうた―日本語史へのいざない』小松英雄（講談社学術文庫）二〇〇九年

『書で解く日本文化』石川九楊（毎日新聞社）二〇〇四年
『塵劫記』吉田光由（岩波文庫）一九七七年
『「塵劫記」初版本影印、現代文字、そして現代語訳』佐藤健一訳・校注（研成社）二〇〇六年
『和算の歴史』平山諦（ちくま学芸文庫）二〇〇七年
『江戸の数学教科書』桜井進（集英社インターナショナル）二〇〇九年
『江戸の数学文化』川本亨二（岩波書店）一九九七年
『新版寺子教訓書』中川樵夫（東京書籍「東書文庫」蔵）
『都鄙問答』石田梅岩（岩波文庫）二〇〇七年、復刻
『石田梅岩と「都鄙問答」』石川謙（岩波新書）一九六八年
『石田先生事蹟』（心学道話全集、忠誠堂）一九二七年
『手島堵庵心学集』白石正邦編（岩波文庫）昭和九年
『校訂道二翁道話』石川謙校訂（岩波文庫）一九九一年
『論語』加地伸行訳注（講談社学術文庫）二〇〇九年
『日本宗教史』末木文美士（岩波新書）二〇〇六年
『鈴木正三同人全集』鈴木鉄心編（山喜房佛書林）昭和三十七年
『白隠—禅画の世界』芳澤勝弘（中公新書）二〇〇五年
『白隠禅画墨跡』花園大学国際禅学研究所編（二玄社）二〇〇九年
『白隠禅師法語全集第十三冊　粉引き歌』芳澤勝弘訳注（禅文化研究所）平成十四年
『東嶺和尚年譜』西村惠信（思文閣出版）昭和五十七年
『東嶺圓慈—禅画と墨跡　龍澤寺・鹼仙寺と近江の禅寺所蔵作品』（花園大学歴史博物館編）平成二十四年
『東嶺禅師遺墨集　鹼仙寺三百年史』後藤東慶（鹼仙寺住職後藤東慶発行）昭和四十五年

『清新禅話』忽滑谷快天（山中清冽堂）明治四十二年
『禅語を読む』西村惠信（角川選書）平成二十六年
『近世宗教世界における普遍と特殊　真宗信仰を素材として』引野亨輔（法藏館）二〇〇七年
『山海里』大行寺信曉（平安大行寺蔵版）天保己亥年（一八三九）
『即心記』至道無難・公田連太郎編著「至道無難禅師集」（春秋社）一九八九年
『徳川時代の宗教』ロバート・N・ベラー（岩波文庫）一九九六年
『五常訓』貝原益軒（日本思想大系34、岩波書店）一九七四年
『江州商人』江頭恒治（至文堂）一九六五年
『近江商人の経営』小倉榮一郎（サンブライト出版）一九八八年
『近江商人の開発力』小倉榮一郎（中央経済社）一九八九年
『近江商人の金言・名句』小倉榮一郎（中央経済社）一九九〇年
『近江商人の理念』小倉榮一郎（サンライズ出版）二〇〇三年
『近江商人学入門』末永國紀（サンライズ出版）二〇〇四年
『近江商人三方よしに学ぶ』末永國紀（ミネルヴァ書房）二〇一一年
『川並誌』塚本源三郎（私家版）昭和八年
『紅屋三翁』塚本源三郎（私家版）昭和十一年
『紅屋二嫗』塚本源三郎（私家版）昭和十年
『氷川清話』勝海舟（勝海舟全集第十四巻、勁草書房）一九七六年
『大漢和辞典』（大修館）
『聚心庵に心をよせて』藤堂泰脩（サンライズ出版）平成三十年

電子資料

『算学稽古大全』松岡能一（『古典籍データセット』国文学研究資料館）
『笹山梅庵寺子制誨式目』笹山梅庵（東京学芸大学リポジトリ、電子化資料・画像）
『筆道稽古早學問』笹山梅庵（吉文字屋市兵衛、東京学芸大学リポジトリ、電子化資料・画像）
『初登山教訓書全　并寺子教訓書』（大坂書林、以光屋市兵衛、広島大学学術情報リポジトリ）
『寺子教訓書』（堀流水軒、三次市図書館「往来本」デジタルアーカイブ）
『寺子教訓往来』（森屋治兵衛、信州大学付属図書館、近世日本山岳関係データベース）
『平安人物志』（京都書林博昌堂、国際日本文化研究センター、平安人物志データベース）
『文部省年報』（「文部省第四年報、明治九年～大日本帝国文部省第二十一年報　明治二十六年」国立国会図書館リサーチ）［注…第十八報明治二十三年より〔大日本文部省〕と題されている］

論文

「近世中後期近江国在村一寺子屋の動向」柴田純（『日本社会の史的構造　近世・近代』思文閣出版、一九九五年）
「江戸時代の青蓮院門跡と入木道」田中潤（学習院大学史学会「学習院史学第四十八号」二〇一〇年）
「近世社会と識字」八鍬友広（「教育学研究」第七十巻第四号、二〇〇三年）
「19世紀末日本における識字率調査」八鍬友広（『新潟大学教育学部紀要』第32巻第1号、一九九〇年）
「滋賀県伊香郡における一八九八年の識字率」八鍬友広（『新潟大学教育学部紀要』第34巻第1号、一九九二年）
「関算四伝書『算梯』における写本間の親近性について」小寺裕（数理解析研究所講究録一五一三巻、二〇〇六年）

「石田梅岩の神儒仏習合思想に関する一考察」黄海玉（『佛教大学大学院紀要』教育学研究科篇第三十九号）
「仏教が非人倫的であると云ふ謗難に対しての仏教者の反論：反排仏の護法思想」古田紹欽、二〇一一年、「北海道大學文學部紀要」（The annual reports on cultural science, 7: 1–15, 1959–03–30. http://hdl.handle.net/2115/33247）
「商家の妻を養成する―淡海女子実務学校成立の過程」荒木康代、科学研究費助成事業研究成果報告書、基盤研究(c)、二五三八〇七二五、『女性労働と経営の歴史社会学的研究―「ごりょんさん」の日記分析を中心に―』、平成三十年
「仏教経営倫理学試論　素野福次郎の経営哲学と道元・正三・白隠」水野隆徳（『禅文化研究所紀要』第二十九号、禅文化研究所、二〇〇八年）
「近江商人にみる真宗の精神」大谷一郎、研究誌『現代と親鸞』（親鸞仏教センター）第28号、二〇一四年。http://doi.org/10.24694/shinran.28.0_51

中野正堂（なかの　しょうどう）

臨済宗妙心寺派乾徳寺（けんとくじ）住職。

昭和24年５月22日生まれ。

昭和48年３月同志社大学法学部政治学科卒業。

同年４月より滋賀県立大津商業高校社会科教諭を皮切りに37年間、県立高校や県教育委員会などに勤務。

平成22年３月に滋賀県総合教育センター所長で定年退職。

平成22年４月より３年間、滋賀学園中学・高等学校に校長として勤務。

平成25年４月より５年間、東近江市教育研究所に所長として勤務。

剣道七段、滋賀県剣道連盟会長。

住所：滋賀県東近江市五個荘川並町446

近江《おうみ》商人《しょうにん》の魂《たましい》を育《そだ》てた寺子屋《てらこや》
——川島《かわしま》俊蔵《しゅんぞう》の教《おし》えに学《まな》ぶ——

二〇二〇年　八月一〇日　初版第一刷発行

著　者　中野正堂
発行者　西村明高
発行所　株式会社　法藏館
京都市下京区正面通烏丸東入
郵便番号　六〇〇-八一五三
電話　〇七五-三四三-〇〇三〇（編集）
〇七五-三四三-五六五六（営業）

装幀者　野田和浩
印刷・製本　中村印刷株式会社

ISBN978-4-8318-5715-6 C1015